幼儿语言活动指导

丛书主编　赵　宇
分册主编　陈姝均　王清华
分册副主编　赵　磊
编　　者　罗晓慧　刘　迪　时　双　时　璐
　　　　　乔　璐　张馨丹　李艳梅　韩　晶
　　　　　张　丽　于　女　王　寒　李文雯
　　　　　董　赫　赵　蕊　张馨月　夏国辉
　　　　　戴　劲　王　聪　刘　慧

辽宁师范大学出版社
·大连·

编者的话

提高学前教育质量的关键在于提高幼儿园教师队伍的专业素养。教育部2012年颁布的《幼儿园教师专业标准（试行）》（以下简称《专业标准》），将幼儿园教师保教工作实践能力视为核心，作为评估其业务水平的重要标志。因此，探索将《专业标准》中的教育理念与基本要求转化为具体的教育策略，提高幼儿园教师运用专业知识分析解决教育实践问题的能力，对促进其专业发展具有重要意义。"幼儿园教师实践能力指导与培训丛书"（以下简称"丛书"）就是为了更好地贯彻《专业标准》和《3-6岁儿童学习与发展指南》（以下简称《指南》）而编写的。

"丛书"有三个突出的特点。一是主题性。"丛书"聚焦《专业标准》中环境的创设与利用、一日生活的组织与保育、游戏活动的支持与引导、教育活动的计划与实施、教师的反思与发展等专业能力，将其中的基本要求细化为各分册微主题，形成了主题化、系列化的丛书结构。二是实践性。"丛书"各分册内容力求做到精选专业知识和基本技能，凸显实践中的应用方法和常见问题的解决策略，通过提供系统的、丰富的实践经验和教育智慧，满足教师实际应用的需要，实现基于理论的实践指导。三是范例性。"丛书"提供了大量的实例、样例，这些文本、案例、问题情境等资源，对幼儿园教师具有借鉴、参考和示范的作用。

"丛书"既可作为幼儿园教师自主研修用书，也可用于实践能力培训课程，还可作为园本课程研发与使用资源。编写团队由具有多年研究和实践经验的研训教师及一线优秀教师组成，内容来源于幼儿园教育教学实践与研究成果，"丛书"多次用于区域幼儿园教师培训课程并获得好评。由于编写时间和编者水平所限，书中恐有疏漏和不足之处，敬请斧正。

编者
2023年10月

前言

　　幼儿语言能力的发展对促进幼儿的全面发展具有十分重要的意义。3-6岁是学龄前儿童语言发展的重要阶段，在这一时期，幼儿园和家庭都应遵循幼儿语言学习与发展规律，为幼儿创设良好的学习环境，通过适宜的方法和策略促进幼儿以不同的方式探索和使用语言。

　　本书紧紧围绕《指南》中儿童语言领域学习和发展目标要求，从提高幼儿园教师语言教育活动实践能力出发，提出了幼儿园语言教育的实践做法。本书内容共有四章，第一章从促进幼儿认知发展、社会性发展以及心理发展等方面讲述了幼儿语言发展的价值。第二章提供了完整的幼儿园语言教育课程方案，对课程背景、理念、目标、内容、组织实施、保障、评价等七个要素进行了详细的阐释。第三章从组织实施、指导建议和注意事项等方面介绍了27个语言教育活动的具体做法。第四章列举了幼儿园不同年龄段语言教育活动的16个案例，为幼儿园教师开展语言活动及家庭中的语言教育提供借鉴。

　　本书操作性强，提出了语言教育要落实在幼儿园一日生活各环节、创设无处不在的语言教育环境、家园结合多种形式促进幼儿语言能力发展等教育主张，可用作幼儿园组织语言教育活动的参考用书，也可作为教师自主研修或培训用书。

目录

第一章 幼儿语言发展的价值/1

第二章 幼儿语言教育课程方案/2

第三章 幼儿语言活动的组织与实施/16

餐后散步/16
过渡环节/18
自主阅读/18
谈话活动/21
故事教学/23
看图讲述/25
故事讲述/28
节日讲述/31
情景讲述/32
说明性讲述/34
表演活动/36
诗歌教学/39
语言游戏/42
语汇积累/45
语言区角/47
游戏故事/50
自制图书/53
播报活动/55
国旗下讲话/61
小小记事本/62
妙语讲书/64
好书伴我行/65
亲子阅读/66
巧手绘书趣/68
宝藏手账/69
园长妈妈信箱/70
百家讲堂/71

第四章 幼儿语言活动案例精选/73

小班

儿歌教学：爸爸瞧 妈妈看/73
语言游戏：谁躲起来了/74

中班

谈话活动：春天来了/75
故事教学：萝卜回来了/76
看图讲述：小兔搬家/77
故事讲述：三只蝴蝶/79
情景讲述：爱心小任务/79
情景讲述：是谁错了呢/80
讲述活动：猕猴桃/82
儿童诗教学：《请进来》/83

大班

绘本教学：独一无二的你/85
节日讲述：喜气洋洋迎新年/86
情景讲述：坐旋转飞椅/87
情景讲述：丢手绢/89
语言游戏：量词超市/90
餐点播报：好吃的晚餐/91

第一章 幼儿语言发展的价值

《3~6岁儿童学习与发展指南》（以下简称《指南》）指出："语言是交流和思维的工具。幼儿期是语言发展，特别是口语发展的重要时期。幼儿语言的发展贯穿于各个领域，也对其他领域的学习与发展有着重要的影响。"这段话非常清晰地说明了幼儿期语言学习与发展对幼儿全面发展的价值。

一、语言发展促进幼儿认知能力发展

幼儿的语言发展和认知发展存在相互促进、共同发展的关系。幼儿可以通过语言命名各种物体，通过语言描述，比较和发现认知对象的异同，获得新的概念认知。从婴儿期的牙牙学语到幼儿期能够掌握比较连贯和抽象的语言，这个过程中语言能力发展对于儿童的理解、判断、推理以及创造性思维等能力发展都起到积极的促进作用。

二、语言发展促进幼儿的社会性发展

语言的发展为幼儿对自己、对他人以及对外部世界认识的发展提供了工具和途径，使幼儿在一定的条件下逐渐开始与人交往，建立良好的社会关系，从而适应社会生活。游戏是幼儿的主要活动，幼儿游戏遵循从无规则游戏逐渐向有规则、有秩序的游戏发展的规律。在游戏过程中，幼儿运用语言表达自己的意愿、情感，与同伴沟通交流，协商解决问题和矛盾，社会性发展得到大幅度提升。

三、语言发展促进幼儿心理健康和成熟

3~6岁是幼儿心理发展速度最快、最稳固的时期，各种心理活动都在这个阶段发生，包括感知觉、注意、记忆、思维、语言、情感等，语言作为其中一个心理活动特征，在幼儿心理发展中起着重要作用。幼儿使用语言与周围的人交流、接触，满足情感的需要、获得社会的认同、得到尊重与被尊重等，从而真正健康快乐地成长。

第二章 幼儿语言教育课程方案

为了更好地贯彻《幼儿园教育指导纲要（试行）》（以下简称《纲要》），抓住3~6岁幼儿语言发展的关键期，切实促进幼儿语言乃至其他方面的迅速发展，幼儿园在制订科学有效的语言教育课程方案时，要把语言教育的课程背景、理念、目标、内容、组织与实施、保障、评价等都具体体现在课程的整体设计中。

一、课程背景

语言教育课程要注重促进幼儿的自主性发展，为幼儿创造无处不在的语言教育环境。在发展语言的过程中，鼓励幼儿积极交流和表达，培养语感，丰富词汇量，提升表达能力。运用好语言这样一个基础性的交流和思维的工具，对于儿童未来认识其他领域能够起到很好的促进作用。因此在整体的课程方案中，语言教育既是一个领域，同时也是促进儿童全面发展的一个重要内容。

二、课程理念

幼儿园语言教育课程要注重幼儿发展的自主性，致力于为幼儿一生的发展奠基。

1. 能动性

让每名幼儿都有学习和交流的机会。支持、鼓励、吸引幼儿与教师和同伴交谈，尊重幼儿的说话方式，积极地回应，相信每个孩子都是有能力的学习者，让每一名幼儿都能够有机会参与活动，提高运用语言进行交往的积极性，发展语言能力。

2. 持续性

幼儿语言的学习与发展需要持久连续地累积。根据幼儿语言发展的特点和规律，抓住一日生活中每一个教育环节和契机扎实落实语言教育。

3. 游戏性

积极构建游戏化的语言教育课程。探索幼儿语言学习的新路径、新策略，充分发挥游戏的价值，使幼儿在快乐的游戏中学习语言、感受语言、运用语言，自主表达并自我成长。

三、课程目标

语言教育的课程目标分为总目标和具体目标。

> **总目标** 全面发展幼儿语言能力。着眼于自主发展理念下的幼儿听、说、读（读图）、写（前书写）、画、演等全面的语言能力发展；激发幼儿学习、感受、运用语言的兴趣；培养幼儿对文学作品的兴趣和审美、创造能力，提升幼儿多元表达、表现的能力；塑造幼儿良好的个性品质。

具体目标

乐于倾听，善于倾听。养成良好的倾听习惯与倾听能力，学会有意识地倾听，并能分析性倾听交流的信息，形成理解性的倾听语言能力。

自我表达，自主交流。想说（演）、敢说（演）、喜欢说（演），在自由、自主的情境下，表达流畅、生动、规范，为幼儿后续学习和可持续发展提供重要支撑。

热爱阅读，多元表征。提高对文学作品的兴趣和审美能力、创造能力、理解能力，提升幼儿多元表达、表现的能力，塑造幼儿良好的个性品质。

四、课程内容

幼儿园语言教育课程要注重内容的来源与选择，并依据《指南》《纲要》中各年龄段的教育目标和建议，制订语言活动课程计划。

（一）内容来源

广泛利用中外传统文学和经典儿童文学，从启蒙性、整合性、可读性、趣味性、游戏性、延展性等方面入手，精选文本，完善课程内容体系，开发适宜的园本课程。充分利用一日活动各环节，采用与幼儿积极互动、共同分享等形式开展。幼儿在参与活动中，感受语言教育的活动内容来自生活并能运用于生活中，同时，促进课程的实施和自身的成长。

（二）活动类型

在一日活动中，可以通过生活活动、游戏活动、集体活动、个别化学习、实践活动、家园共育等多个环节、多种类型促进幼儿语言的发展。

绘本故事：绘本故事对幼儿的影响是潜移默化的。选择作品时首先关注作品的审美价值，优秀的绘本作品总会有蓬勃的艺术感和浓郁的儿童情趣，如故事《猜猜我有多爱你》中一句"猜猜我有多爱你"的提问，引出了小兔子和大兔子诗一般的对话，优美的意境和爱的表达淋漓尽致，极富吸引力，适合幼儿欣赏和模仿。其次，关注幼儿的经验，幼儿的原有经验直接影响着他们对故事的理解与情感的迁移，可选择贴近生活、能激发幼儿欣赏和阅读兴趣的故事，如《我爸爸》《我妈妈》《牙婆婆》等。最后，关注故事的情节，选择生动有趣，语言上有较多重复句式的故事，如《拔萝卜》《鸭妈妈找蛋》《小壁虎借尾巴》等；还可以选择语言丰富、人物情感刻画细腻的故事，如《搬过来，搬过去》《逃家小兔》等。幼儿更容易对这样的作品产生共鸣，产生"愿说"和"想说"的心理需要，从而有助于推进教学进程，使教学取得良好的效果。

谈话活动：谈话活动应选择幼儿感兴趣或容易引发共鸣的话题，包括命题谈话（预设主题）和随机谈话（生成主题）。教师可以采用日常谈话、集体谈话等形式，抓住一日生活中无处不在的谈话机会，如晨间、餐前、离园前等，了解幼儿的语言习惯、语言能力等方面的情况，进而促进全体幼儿的语言能力发展。

播报活动：播报活动一般会选择热点课程、餐点、气象、新闻等，主题活动可以在一日生活的某一时间开展，例如利用晨间、餐点、散步、离园等时间，播报的形式有独立播报、合作播报等。

看图讲述：所选择的图片主要从对幼儿情感、能力、知识、健康等方面的教育入手，符合幼儿生活和认识水平，根据幼儿的年龄段由易到难。表现形式具有艺术性，能激发幼儿看图兴趣，有一定感染力。画面设计、故事内容不宜过于复杂，应选择主题突出，色彩鲜艳，画面形象清晰、有趣，幼儿能看懂和理解的图片。

节日讲述：抓住每一个节日的契机，为幼儿创设丰富的物质环境和精神环境。教师可以根据不同节日的特点，开展如"团团圆圆过中秋""粽叶飘香庆端午"等讲述活动，以游戏为切入点，让幼儿在轻松、愉悦的节日体验中提升语言表达能力。

情景讲述：以生活中发生的真实情景为依托开展讲述活动。讲述的内容可以是预设安排的，也可以是随机生成的。在幼儿园里，幼儿更多的是以生活情景和游戏情景这两种作为讲述的内容。

说明性讲述：一般会把介绍事物的形状、特征、功用或操作过程等作为讲述内容。如幼儿介绍游戏区的规则，介绍所观察植物的生长过程、每天所吃的间点（干果、水果等），介绍喜欢的玩具、自己的小作品，介绍七步洗手法、如厕流程、盥洗步骤等。

儿童诗歌：可选择不同类型的诗歌。选择贴近生活的诗歌，如儿童诗集系列《缤纷四季》《美丽的大自然》，童谣集《做游戏》，幼儿可以联系实际生活理解诗歌，更容易与诗歌内容产生共鸣；选择富有幻想的诗歌，借用幻想、夸张、拟人等手法展开情节，塑造形象，反映社会生活，丰富幼儿的想象力与创造力，如儿童诗《给一只松鼠》《北极熊在冰箱里》；选择诉说道理的诗歌，通过短小的篇幅，寄寓一定的道理，将大道理通俗易懂地摆在幼儿面前，具有浓厚的教育意味和色彩，如儿歌《他有两张脸》、儿童诗《善良》。

语言游戏：语言游戏讲究的是让幼儿在有趣的嬉戏中提升语言能力，避免让幼儿感到枯燥乏味，要根据不同年龄段幼儿的发展特点选择。如：小班幼儿还不能较好地运用发音器官，所以语音游戏可相对多一些，在词汇游戏方面，他们已经可以理解和运用常用的词语，一般以动词和名词为主，可以开展动词游戏"小动物怎样走"、名词游戏"这里有什么"等。到了大班，幼儿的语言能力已经比较强了，他们基本可以做到发音准确、清晰，所以在语音表达方面要提升难度，不但要求发音准确，还要清晰，同时对声调也要表达准确，可选择集合平翘舌和相近音于一体的绕口令，如《吃葡萄不吐葡萄皮》《高高山上一条藤》等。

故事表演：选择的故事要具有较强的情节性；人物角色具有多样性；内容符合幼儿年龄特点，贴近幼儿生活经验；积极向上，有一定的教育价值；能够引发幼儿对故事进行合理改编。

国旗下讲话："国旗下讲话"是幼儿园每周升旗仪式中的一项重要内容，是面向

全体师幼进行的有教育目的的讲话。应选择内容浅显、生动、有趣味,不脱离幼儿的生活,符合幼儿认知,具有一定的时代性,幼儿真正感兴趣的主题内容。可结合时事新闻、园内活动、节日和节气、良好习惯的养成等选择主题。

小小记事本: 幼儿的前书写活动只有和个人需要联系起来,并且具有交流和表达意愿的时候,幼儿才会感兴趣,才会自然而然地进行书写活动。内容一般涉及时间、天气、事件的序号、需要完成的任务、需要准备的物品等。

自制小图书: 自制图书不仅能丰富幼儿的读、写经验,还能够提升幼儿听、说能力,是幼儿运用绘画方式进行的初步书面表达,是绘画与语言、阅读与书写的结合。内容一般与绘本故事相结合,与自主游戏相结合,与美术活动相结合,与主题活动相结合。

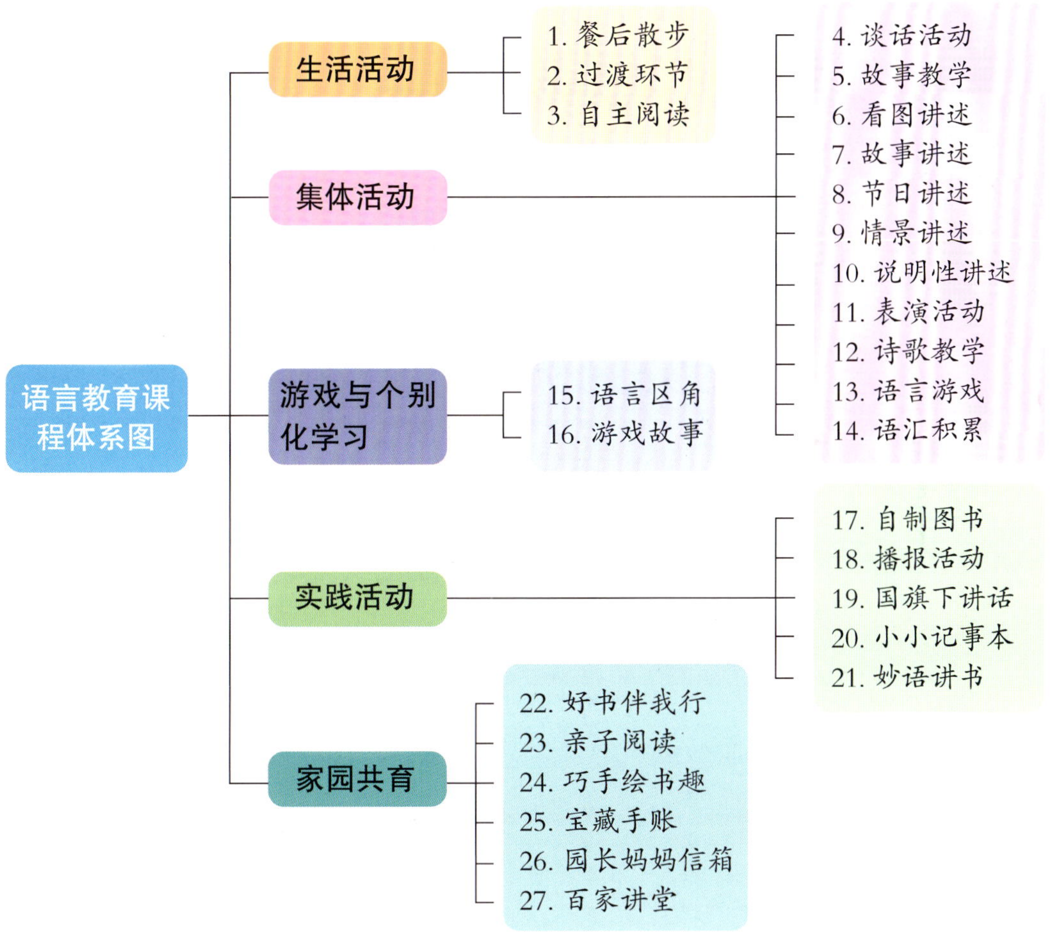

语言教育课程体系图:

- 生活活动
  - 1. 餐后散步
  - 2. 过渡环节
  - 3. 自主阅读
- 集体活动
  - 4. 谈话活动
  - 5. 故事教学
  - 6. 看图讲述
  - 7. 故事讲述
  - 8. 节日讲述
  - 9. 情景讲述
  - 10. 说明性讲述
  - 11. 表演活动
  - 12. 诗歌教学
  - 13. 语言游戏
  - 14. 语汇积累
- 游戏与个别化学习
  - 15. 语言区角
  - 16. 游戏故事
- 实践活动
  - 17. 自制图书
  - 18. 播报活动
  - 19. 国旗下讲话
  - 20. 小小记事本
  - 21. 妙语讲书
- 家园共育
  - 22. 好书伴我行
  - 23. 亲子阅读
  - 24. 巧手绘书趣
  - 25. 宝藏手账
  - 26. 园长妈妈信箱
  - 27. 百家讲堂

(三)课程计划

学期初,各年龄班教师提前制订本学期语言活动课程计划方案,由幼儿园教研组进行审核,通过后再实施。方案经过集中研讨和教研,保证了教师组织活动的方向性。之后各年龄班教师再次集体备课,制订每月活动计划和周计划。

各年龄班每月语言活动类型及数量表(参考)

类型 年龄班	绘本故事	散文	诗歌			讲述活动	谈话活动	阅读活动	语言游戏	童话剧表演
			儿歌（童话诗）	古诗	绕口令					
小班	4	1	2	2		1	2	2	2	1
中班	4	1	2	3	1	2	2	2	2	1
大班	4	2	2	3	1	2	2	3	2	1

3月份中班语言活动月计划表(样例)

总目标	1. 创设安静、自由、宽松的语言交往环境，鼓励幼儿想说、敢说、喜欢说。 2. 使幼儿喜欢在看、听、说、读、讲、演各活动中，感受语言的魅力。 3. 引导幼儿口齿清楚地说儿歌、童谣、散文、古诗词或复述简短的故事。	
经典故事教学	良好习惯类： 1.《红绿灯眨眼睛》（安全习惯） 2.《大卫不可以》（行为习惯） 3.《不对，不对》（礼貌习惯） 4.《我爱吃蔬菜了》（饮食习惯）	
散文	《疑问》	
诗歌	儿歌/童话诗	《水珠宝宝》《小老鼠上灯台》
	古诗	《竹里馆》《乐游原》《夜宿山寺》
	绕口令	《打枣歌》
讲述活动	1. 自己的事情自己做 2. 我能为妈妈做的事	
谈话活动	1. 我长大了，我会做的事 2. 我来讲讲雷锋叔叔做过的好事 3. 我想对妈妈/姥姥/奶奶说的节日祝福	
语言游戏	1. 词汇游戏：奇妙的口袋 2. 描述游戏：这是谁的家	
故事表演	《小花籽找快乐》	
自主阅读	《卡夫卡变虫记》《鼠小弟过生日》《猫头鹰宝宝》《鸭子当总统》	
国旗下讲话	《你好，新学期！》	

（续表）

小小播报员	1. 气象播报员：播报今天的日期、天气、穿衣、喝水和需要注意的事项 2. 餐点播报员：今日食谱我介绍
过渡环节	1. 古诗词新唱 2. 量词歌

五、课程组织与实施

（一）在环境中浸润

环境作为一种隐性课程，对幼儿语言学习能够产生积极而重要的影响。幼儿园可以在各班活动室、个性化专项活动室以及公共活动区域，如走廊、楼梯转角等空间内融入语言课程主题元素。每隔一段时间，环境创设的主题便随着课程的开展而改变，让幼儿始终有新奇感，发挥环境育人的教育功能。

1. 设置阅读区。阅读区可作为幼儿进行室内散步或者天气不好时进行室内活动的场所。在这里，幼儿可以阅读喜欢的故事，画一画自己的想法。投放的书目以贴近幼儿生活的为主，提供小桌子、可随意取用的纸和笔。

2. 开发和利用大厅等空间资源。可以选择全园幼儿近期最感兴趣的热点图书，在大厅内布置小展台，幼儿自主设计展台、摆放自己的阅读故事、制作自己最喜欢的故事角色，让幼儿每天都路过的最熟悉的场所变成"小小课程广场"。

3. 班级活动室是幼儿在园内的主要活动场所，遵循幼儿身心发展规律与年龄特点提供环境材料和主题图片，在教师有目的的引导下鼓励幼儿共同参与布置，让幼儿成为环境的主人，在参与和体验环境创设的过程中发展语言能力。

4. 利用语言区角，投放操作讲述、实物讲述、经验讲述和看图讲述等活动材料，或将集体语言游戏中的游戏材料投放到班级语言游戏区和公共语言游戏长廊里，基于观察发现幼儿主动的游戏需要，教师随时做调整和补充。

（二）在日常生活中渗透

日常的语言交往是在真实而丰富的语言教育环境中进行的，一日生活中每一个环节都少不了语言交流。教师可以通过有效分析、充分挖掘潜在价值，借机创设丰富的语言运用情境，激发幼儿想说、敢说、喜欢说的热情，使语言的学习、感受、表现、表达自然渗透在一日生活的点点滴滴中。

1. 利用午睡前、进餐后、离园前等时间，选择玩一些简单有趣的字词句小游戏或者联想讲述游戏，带领幼儿说一说，玩一玩，不仅能丰富幼儿的词汇量，还能培养幼儿的逻辑思维能力。

2. 在一日生活中的零散时间里潜移默化地落实语言教育目标，如：早晨户外活动播放带有礼韵童舞的古诗吟唱的音乐；中午幼儿散步时边走边诵读经典诗歌；需要按秩序排队进行的活动，教师也可用押韵的儿歌口令来组织；开展餐点播报、餐后静心

阅读等活动。

3. 游戏中生成多样角色或幼儿自主解决问题，教师要支持、鼓励，充分调动幼儿参与游戏的热情，使其在游戏中不仅敢说、会说，而且说得流畅自然。

4. 不过分在意幼儿发言是否准确、优美，即使幼儿说出来的是不成熟的想法，也要充分尊重和满足幼儿说话的愿望，使幼儿逐渐成为乐于主动发言的"交往者"。

（三）在集体活动中丰富

教师有目的、有计划地组织语言集体活动，有利于幼儿语言能力提升。对幼儿的教育内容不能随心所欲，而是要形成一个系统，有利于幼儿吸收、加工、储存和提取有序的信息，让幼儿在正规的语言活动中获得多元发展。

1. 制定教学活动的发展目标，突出语言能力发展的同时，还需要融合情感、思维、想象等多个方面，指向明确，渗透适宜。

2. 采用多样化情景创设、开放式提问设疑、多途径角色体验等策略，通过阅读、表演、情景再现、游戏操作、实践迁移等多种途径，引导幼儿模仿、扮演作品中的角色，从中获得认知、情感、行为等方面的发展。

3. 坚持"给更多的孩子以更多的空间"的原则，融入集体表达、分组表达、两两表达、自由表达、个别表达等多种表达形式，让活动富于变化，让每个幼儿的思维和语言在活动中尽情飞扬。

（四）在实践中体验运用

在实践中要积极拓展各类语言活动，扩大幼儿的视野，丰富幼儿的生活实践，为幼儿提供更多的语言运用环境，逐渐发展语言能力。如：

1. 以每年4月23日"世界读书日"为主题开展丰富多彩的系列活动。活动由教师、家长和幼儿共同策划、共同参与，开展觅书、游书、晒书、制书、修书、好书交友等形式多样的活动，让幼儿从小建立对书的热爱，对表达的热爱。

2. 每周"国旗下讲话"的主题可融入绘本表演、故事讲述、散文诗朗诵、情境表演等多种语言表达形式。

3. 有效利用一些具有生活气息的节日为幼儿提供语言学习的契机。如：母亲节开展"讲给妈妈的心里话"活动，或组织幼儿朗诵一些应时的文学小作品来向妈妈表达爱等。

4. 注重在各领域中延伸强化幼儿语言运用的习惯，锻炼表达能力。如：美工活动之后，教师引导幼儿用语言来描述自己的作品，评价同伴的作品；音乐欣赏后，教师引导幼儿创编音乐小故事，表达自己对音乐作品的理解和想象等。

（五）在家园共育中提升

幼儿的语言学习和发展仅靠幼儿园一己之力是不够的，需要建立家园合作育儿共同体，家园双方要共同活动、共同分享、共同鼓励，通过线上、线下多种方式密切互动。

1. 可以开展每日亲子共读打卡、亲子故事讲述和亲子语言节目展演等活动。

2. 家长志愿者可以进园协助图书整理、借阅和记录工作，为幼儿制作阅读成长记录袋，园所为优秀家长颁奖等，使家园的教育合力最大化。

3. 向家长推荐优秀书目，带动家长与孩子共同读书的热情，充分挖掘家长教育资源。

4. 有计划地邀请家长走进幼儿园开展"父母伴我行"活动，开展评选"阅读高能量家庭""经典引领成长家庭""以书育儿典范家庭"等活动，鼓励家长积极参与。

六、课程保障

（一）建立多样化培训教研机制，推动语言活动研究与实践

1. 研修形式多样性。采用"走出去，请进来"的研修策略，充分利用网络资源，为教师提供多渠道学习的机会与条件，鼓励教师自主学习和收集关于语言研究的理论资料，定期分享和交流；采用骨干教师"一带多"帮扶策略，师徒共成长行动策略，组织开展语言观摩拉练活动，骨干教师进行示范引领，促进青年教师在观摩与实践中不断进步和成长。

2. 研修内容多角度。结合儿童语言能力发展、教师成长、课程建构等方面的具体案例开展切合实际的研训活动。如：围绕"如何提高幼儿讲述能力""如何激发幼儿复述故事的兴趣""提高幼儿讲故事能力的策略和方法有哪些""怎样在一日活动中培养幼儿专注的学习品质""语言游戏案例分析"等开展一系列专题培训。

3. 研修管理精细化。为确保研修质量，建立园长、副园长、教研组长三级管理网络，对研修活动的计划制订、活动准备、过程实施、成果评价和问题反思等各个环节进行严格管理，力争做到态度精心，过程精细，成果精良。

（二）园所持续支持，保证课程实施的资源及环境

幼儿园为语言课程的开发和实施提供场地、设施、材料、设备等资源。各种语言教学资源的提供可以使教师能够运用多种手段，利用多种素材实施语言课程。同时加强与园外机构的交流与合作，积极利用园外的课程资源。

（三）建立良好的家园合作关系，使家长参与课程实践

1. 帮助家长转变教育观念，利用公众号平台推送的促进幼儿语言能力发展的先进教育理念和策略方法，定期给家长做一些关于语言培养的公益讲座。

2. 及时与家长沟通，向家长反映幼儿在园的表现，帮助家长转变教育观念，形成正确的儿童观、语言教育观和幼儿教育评价观，创建有利于语言课程实施的环境和氛围。

3. 架构园级、年级组、班级等多个层面的家园互动平台，促进家园携手，共同发展。将语言课程内容与综合实践活动有机整合，挖掘家长资源，开展系列实践活动。

七、课程评价

幼儿园语言课程评价要树立科学的评价观，注重收集日常生活及语言教育活动中各个方面的信息，采用多元化的评价方式，避免片面化地用一把尺子去衡量幼儿，努力做到在真实的情景中，从关注幼儿发展过程的角度进行评价。

（一）评价内容

主要包括幼儿语言发展水平、语言教育活动和教师专业能力综合评价三个方面。

1. 幼儿语言发展水平评价

依据《指南》语言领域倾听与表达、阅读与理解两个方面的发展目标，根据观察计划对每名幼儿实施有目的、有计划的观察与分析，多渠道、多途径地收集幼儿的典型性行为，全面了解每名幼儿的发展状况。

幼儿语言能力发展水平评估量表

内容		等级标准		
		一	二	三
倾听与表达	倾听	能注意到对方和自己说话，对常用语做出口头或动作回应。	能在群体中听取与自己相关的信息，并有所反应。	能结合情境理解对方的语气语调表达的不同意思，并能完成指令。
	问答	能针对提问回答简单的问题。	能针对提问回答较复杂的问题。	能较准确、简练地回答较复杂的问题。
	词汇	掌握常用名词、动词和形容词。	掌握部分常用量词和动词。	掌握较多常用量词和反义词。
	讲述	能用简单句表达、讲述。	能用完整的句子清楚讲述。	能用完整的句子有条理地连贯讲述。
	交流习惯	与别人讲话时能看着对方并有所回应，会使用日常礼貌用语。	会有意识根据场合调整自己说话声音的大小，会轮流讲话。	能主动经常地使用礼貌用语，根据对象使用恰当的语言并调整语气。
阅读与理解	阅读能力	对阅读感兴趣，但主要依靠陪伴阅读。	能独立借助与文字对应的图画读懂文字的意思。	能随着阅读的展开而产生喜怒哀乐等不同情绪反应。
	理解文学作品	知道简单故事中的角色和发生的事情。	能按顺序说出故事的主要情节。	喜欢续编或创编故事，并表达对自己看过的图书的想法。
	自主阅读习惯	会自己拿取图书，要求成人讲述或独立阅读。（不是每天）	能自觉拿取图书进行阅读，遵守一些基本阅读规则。	每天都能自觉拿取图书阅读，并能以图画或文字符号方式进行简单记录或评价。

（续表）

内容		等级标准		
		一	二	三
书面表达	书面表达能力	喜欢操作书写工具，随意涂涂画画表达一定的意思。	能控制书写工具，有意识地用点、线等符号表达自己的想法。	能用图画和文字符号相配合的方式记录或表达自己的想法。
	书面表达习惯	喜欢随意涂涂画画。	在成人提醒下，写写画画时姿势正确。	写画时不用成人提醒便能做到姿势正确。

2. 语言教育活动评价

评价主要侧重于课程的目标、内容、具体的活动过程，包括组织形式、师幼互动、方法是否得当以及环境创设是否有效促进语言课程实施等，建立语言教育活动量化的系列评价，可运用《幼儿语言教育活动评价表》，在分析、评价、反思中调整部分教育活动的设计和组织。

幼儿语言教育活动评价表

活动内容				时间	
执教者		班级		地点	
评课者		活动形式		幼儿人数	
教师部分（70分）	项目	评价内容			
	活动目标（15分）	1. 以语言教育总目标为依据，并将总目标转化为具体教育活动目标。（5分）			
		2. 符合本班幼儿语言发展水平和经验，层次清晰、重点突出。（5分）			
		3. 目标明确具体，可查，可检。（5分）			
	活动内容（15分）	1. 内容与目标一致，符合本班幼儿语言发展需求，稍高于现有水平。（5分）			
		2. 能在幼儿原有语言经验之间建立联系。（5分）			
		3. 考虑不同发展水平的幼儿，难易适宜。（5分）			

（续表）

	项目	评价内容
教师部分（70分）	活动准备（10分）	1. 能帮助幼儿做好相关生活经验和必要的知识准备。（5分）
		2. 能提供丰富的材料，便于幼儿主动活动和相互交往。（5分）
	活动组织（15分）	1. 能围绕目标组织活动，结构层次清晰。（5分）
		2. 能创造自由宽松的语言交往环境，发展幼儿语言交往能力、理解能力、表达能力。（5分）
		3. 组织形式多样，恰当采用集体、分组及个别形式，以游戏的方式吸引幼儿参与活动。（5分）
	师幼互动（15分）	1. 积极乐观，语言规范，以支持性的态度与幼儿互动。（5分）
		2. 尊重并回应幼儿的想法与问题，通过开放性提问、讨论等支持和拓展幼儿学习。（5分）
		3. 尊重幼儿个体差异，促进幼儿在原有水平上发展。（5分）
幼儿部分（30分）	态度（10分）	能够生动、活泼、主动地参与活动。（10分）
	表现（10分）	能大胆、清楚地表达自己的想法和感受。（10分）
	成效（10分）	多数幼儿完成学习任务，在自己原有基础上有所提高。（10分）
总分		

3. 教师专业能力综合评价

对教师专业能力综合测评的角度涉及多个方面，其中包括对教师语言教育知识水平、语言活动实践能力、家园语言共育成果等的评价，也包括对教师所任教班级的幼儿整体语言能力发展的测评。

××学年度第一学期教师语言教育能力评价表

评价人：_____

内容 \ 姓名	教师1	教师2	……
具有一定的语言核心素养。（5分）			
能关注幼儿语言发展的个体差异，因人施教。（5分）			
能运用多元化的方法和手段，形成有益于幼儿语言发展的有效师幼互动及幼幼互动。（15分）			
能掌握幼儿语言教育的特点及基本知识。（10分）			
创设有助于幼儿语言学习与发展的教育环境。（10分）			
能开展和谐的家园语言共育工作。（10分）			
能结合幼儿年龄特点、需求制作玩教具等语言学习材料。（10分）			
能将语言教育内容有效渗透于幼儿一日生活中。（15分）			
能有效运用观察、谈话、家园联系等方法客观、全面了解和评价幼儿语言发展情况。（10分）			
能与同事合作，交流、分享好的经验与资源。（5分）			
能根据自己的问题及时反思、学习、调整，提升自己的专业能力。（5分）			
总分（满分100分）			
等级ABC（A等：90~100，B等：80~89，C等：70~79）			

（二）评价方法

利用自由叙述评价法、观察评价法、作品分析法、谈话法、档案评估法等多种方法客观全面地了解和评价幼儿，并根据评价结果指导教育行为和制订下一步课程计划。

1. 观察与分析

细致观察和解读幼儿的游戏和行为，灵活地使用各种观察记录方法，如逸事记录、行为检核表、频率记录、连续记录、综合观察记录等，在每日对幼儿游戏和生活的细致、持续的观察和记录中积累大量的素材，为评价提供有力依据。再结合《指南》《纲要》要求以及游戏理论从游戏兴趣、游戏能力与水平、交往与合作、规则与习惯、学习品质等方面进行分析和评价，做出相应的课程回应。

如下为幼儿"愿意讲话并能清楚地表达"这一目标的检核与分析。

小班／语言领域／愿意讲话并能清楚地表达 能口齿清楚地说儿歌、童谣或复述简短的故事——行为检核表							
学号 \ 检核对象 \ 检核内容	A.发音准确，口齿清楚	B.能用较完整的话相对流畅地讲述	C.有节奏，配合手势动作饶有兴趣地说儿歌、童话	D.根据自己对故事的理解，大致讲出故事内容	个人能力（通过的项目数量）	个人能力（未通过的项目数量）	个人能力（通过率）
1 幼儿1							
2 幼儿2							
3 幼儿3							
4 幼儿4							
5 幼儿5							
……							
班级单项通过人数							
班级单项未通过人数							
班级单项通过百分比							
班级单项未通过百分比							

结合上表，以小班某班为例，对全班33名幼儿关于"是否能够口齿清楚地说儿歌、童谣或复述简短的故事"目标，在日常生活中、游戏情境中进行持续观察和评价，对检核出来的结果进行总体分析，根据结论做出相应的指导和课程回应。

（1）观察分析

通过数据分析，四项能力通过率从高到低的排列顺序为：C项通过率是97%，D项通过率是85.6%，A和B这两项的通过率均为51.5%。

显而易见，C项通过率比较高，说明大部分幼儿对儿歌、童谣非常喜欢，并愿意在说唱时配以手势动作。A和B这两项完成率不是很高。究其原因，小班幼儿年龄特点决定其发音器官尚未发展成熟，声带较短、较薄，听觉的分析能力较差，语音的准确程度还不够完善。如平翘舌音发不准，把"出去玩"说成"突去玩"，"姥姥"说成"脑脑"，"老师"说成"脑西"，"自己"说成"记几"，"小狗"说成"小斗"，并且由于幼儿生活经验较少，讲述还不能很流畅。

（2）课程回应

一是个别指导，及时纠正发音。如，在根据季节特点随机开展的谈话活动中，教师问："秋天到了，秋天都有哪些丰收的果实呀？"鼓励幼儿大胆对"李子、栗子、梨"进行发音，但仍有部分幼儿发音不准，口齿不清，教师可在对幼儿进行一对一倾听的过程中，及时发现和纠正发音不准确的现象。

二是创设情境，提高幼儿口齿清楚说话的能力。有效利用一日生活各过渡环节，带领幼儿开展与语音相关的小游戏以及绕口令、吟诵等活动，在游戏情境中反复练习，使幼儿从原有水平向更高水平发展。

三是提供材料支持，引导幼儿完整讲述。如自制有时间、地点、人物的日历牌玩教具，用来开展看图讲述活动，引导幼儿用较完整的话讲述，提高语言表达能力和逻辑思维能力。

四是创设交流身边事情的机会，发展幼儿表达能力。如开展"说说我的游戏故事""说说我的阅读故事"等讲述活动。

五是加强联动，促进良好的家园共育。鼓励家长在家里引导幼儿慢慢说、说清楚、说完整话，锻炼幼儿看图讲述的能力，如看到路边的标志、广告牌等，随机引导教育，鼓励幼儿按自己的理解进行语言表述。

2. 建立成长档案

"看见每一个孩子，支持每一个孩子"，可以为每一名幼儿建立一份成长档案。这能够让教师关注到每名幼儿，并有目的地收集他们多方面发展的信息。可以请幼儿为自己的档案画上个性化的图案符号和名称。从小班开始收集和整理，让幼儿成长档案伴随孩子在园的三年学习和生活。收集幼儿不同时间段语言领域能力发展的表达和表征，如阅读故事、自制图书、作品介绍、各类讲述活动的视频二维码等，用这份档案讲述孩子的学习历程，协助教师规划教学活动。

3. 形成综合评价报告

每个收集时期即将结束时，教师回顾每名幼儿的档案，并依据《指南》中该年龄段幼儿五大领域的发展目标进行综合评价。教师可以根据日常观察和档案中的内容得出每名幼儿在语言领域各项指标的发展水平，将其与该年龄段所对应的语言领域核心经验作比较，识别出该幼儿在语言发展方面的优势与可提升的空间，继而为幼儿提供个性化语言发展的支持与引导，并把这份综合评价报告提供给家长，促进家园共育。

第三章 幼儿语言活动的组织与实施

在一日生活中有多个环节和各种不同类型的语言活动，教师在组织一日生活环节和各类型语言活动时，要根据活动类型及幼儿特点采取相应的组织策略，注意各类型活动之间的联系和区别，发挥不同类型语言活动的作用。

 餐后散步

每天午餐后的散步时间能缓解幼儿的饱腹感，帮助消化。在这个环节，通过一些轻松、愉悦的儿歌、童谣，或有情趣的对话等来培养幼儿的口语表达能力，会有意想不到的成效。

一、组织策略

散步时语言活动的组织往往蕴含着教师的教育智慧，可以通过灵活机动的多种形式调动幼儿参与的积极性，在不知不觉中实现散步的多重功效。

1. 吟诵式散步

互动形式		文体形式	内容参考
师幼		五言绝句	师：床前明月光，幼：疑是地上霜。 师：举头望明月，幼：低头思故乡。
		七言绝句	师：碧玉妆成……幼：一树高。 师：万条垂下……幼：绿丝绦。
幼幼	小组	童谣	1组：你拍一我拍一，天天早起练身体。 2组：你拍二我拍二，自己学习梳小辫。 3组：你拍三我拍三，洗澡以后换衬衫。 4组：你拍四我拍四，读书画画写大字。
	男女	儿歌	男：小竹桥摇摇摇，有只小熊来过桥。 女：站不稳立不牢，走到桥上心乱跳。 男：头上乌鸦哇哇叫，桥下流水哗哗笑。 女：妈妈妈妈快来呀，快把小熊抱过桥。

2. 交谈式散步

幼儿在室内散步的时候可以欣赏幼儿园的走廊文化以及各班级的主题墙、故事墙，与环境互动，与教师和同伴交流。幼儿亦可到户外散步，通过多种感官，如看、听、触、闻等感知周围世界，交流彼此感受，不断地丰富词汇，发展语言能力。

3. 互动式散步

在散步时可以进行一些有趣又有益的语言互动游戏，如词语接龙。教师随机给出一个词，如"白云"，幼儿进行接龙："白云—云彩—彩虹—红色……"还可以说绕口令、说相反词、量词比一比等，既培养了幼儿良好的倾听习惯，又丰富了幼儿的词汇。

4. 聆听式散步

幼儿园的公共区域往往展示的是跟幼儿园的园本课程、班本课程相关的一些内容，如幼儿在课程中生成的一些写、画、做等的作品，或者幼儿寻找发现的一些自然物等。午间散步时，幼儿可以来到公共区域，聆听小讲解员的介绍，丰富知识，增长见识，开阔眼界。

小讲解员：大家好，你们知道为什么秋天是多彩的吗？你们看，我们幼儿园有的树叶已经变成黄色了，有的树上叶子还是绿色的。爸爸妈妈带我去丹东玩，我看见红色的枫叶，还有橙色的。小朋友从家里带来了橙色的南瓜、粉色的地瓜、绿色的葫芦、红色的苹果，有各种颜色，秋天好美啊！

二、指导建议

1. 散步时教师不应带着幼儿漫无目的地走，要有意识、有目的且又巧妙灵活地渗透语言教育，满足幼儿成长的内需。

2. 吟诵式散步所选择的古诗、儿歌、童谣等应是幼儿熟悉的，且韵律好听、富有节奏感。幼儿跟着节拍边走边吟诵，富有趣味。

3. 幼儿散步的地点应时常更换。互动的形式也应不断变化，可以是师幼之间进行，也可以是幼幼之间交错进行。

三、注意事项

散步时，不能让幼儿感到被"牵着鼻子"被动走，他们一旦感到枯燥乏味，便会降低散步的积极性。可以请幼儿自行设计每天的散步路线，感受散步的乐趣，保证幼儿的情绪放松、舒缓，切莫本末倒置。

过渡环节

一日生活中的过渡环节时间虽短,但其中蕴涵的教育契机却是十分丰富的。教师要有效地利用好这一环节,巧妙地来进行语言教育。

一、组织策略

过渡环节分为长时过渡和短时过渡,如午睡前的散步环节属于长时过渡,而如厕、盥洗环节属于短时过渡,时长不同,采用的指导策略也有所不同。

环节	组织策略	参考内容
入睡前	播放声音轻柔、语调平缓的睡前故事。	《小猪波波拉》《想飞的小老鼠》《小云朵画画》
起床后	起床进行生活整理时,可以播放幼儿喜爱的故事音频,引导幼儿边自主取用间点边安静倾听,既可避免消极等待,又能丰富幼儿的认知经验。	儿童版《十万个为什么》《伊索寓言》
如厕盥洗	1. 小班可以用手指谣吸引幼儿快速参与其中。 2. 中、大班可以播放节奏明快的诗歌或配乐古诗,引导幼儿跟诵或跟唱,减少玩水等拖沓现象,丰富幼儿诗歌储备。	《园子里的番茄》《一座小桥》《学唱古诗词》

二、指导建议

1. 教师平日应多收集一些朗朗上口的儿歌、古诗,储存在资源库中,定期更换,不断满足幼儿的学习所需。
2. 午睡前故事可以是教师收集的,也可以是幼儿、教师、家长自己录制的音频。
3. 教师对幼儿语言发展的熏陶应持之以恒,注重日积月累的濡染。

三、注意事项

过渡环节的语言教育重在渗透,没有严格的目标,切忌一刀切或给予幼儿任务要求。教师一定要在有目的但又顺其自然的状态下使幼儿获得语言发展,并养成听指令行动的好习惯。

自主阅读

自主阅读是指幼儿通过自主的行为方式和认知特征来进行的阅读活动。3~6岁是幼儿阅读能力发展的关键期,这一时期的幼儿需要养成自主阅读的习惯,形成自主阅读的能力。

一、组织策略

幼儿的自主阅读习惯绝非自然天成，需要幼儿园通过一定的组织策略帮助幼儿养成。

1. 创设适宜环境。环境是一种隐性课程，幼儿园创设适宜的环境可以让幼儿获得听、说、读、写等语言能力的整体发展。

创设多元化的班级阅读环境。为幼儿提供色调清新淡雅的地垫、小沙发或者靠垫等，打造轻松愉快的阅读环境；利用小帐篷、小隔断创设私密空间，满足幼儿对小空间的心理需求；还可以在阅读区中摆放小桌子、小凳子，提供纸、笔，将阅读与前书写结合在一起，让幼儿将看到的写画出来，激发幼儿对文字符号的兴趣。

创设随时随处可读的自主阅读环境。幼儿自主阅读的时间是随机的，如餐前、餐后时间，入园、离园时间，甚至自主游戏时间，教师都可以鼓励幼儿进行自主阅读。在各楼层走廊或拐角处也可创设符合各年龄段幼儿发展特点的阅读角，打造幼儿"随处可读"的自主阅读环境，从而培养幼儿良好的阅读兴趣和习惯。

创设"自主阅读故事墙"。幼儿在阅读中会看到自己喜欢的图画、印象深刻的情节，也会遇到看不懂或有疑惑的地方，鼓励幼儿用写画的方式记录下来，并张贴在故事墙上。引导幼儿与墙面互动，在交流中解答彼此的疑惑，分享新的知识与经验。

阅读绘本《獾的礼物》后，可以生成这样的话题：
獾是个什么样的朋友？
礼物还可以是什么？
你的朋友是怎样的？

2. 投放多元的读物。阅读材料是影响幼儿自主阅读的重要因素，教师可根据不同年龄段幼儿的实际需求，投放多元化的阅读资源。

适合各年龄特点。小班幼儿刚进入幼儿园，重在激发阅读兴趣，培养阅读习惯，可以提供有声书、洞洞书、触摸书、胶片书、立体书等不同类型的玩具书；为缓解幼儿入园焦虑情绪，更快适应幼儿园一日生活，可以投放情绪情感类、生活习惯类以及情节趣味性强的绘本。中班幼儿一般喜欢阅读情节性较强、富有戏剧性的故事内容。大班幼儿需要做好充分的入学准备，可以选择投放行为习惯类、兴趣爱好类、心理成长类读物。

与传统节日相结合。根据主题活动的开展投放相应的绘本或故事书。结合活动内容、节日特点，选取对应阅读内容，更好地帮助幼儿理解中华优秀传统文化，提升民族自豪感。如《中秋节的故事》讲述的是中秋节的来历；《14只老鼠的秋天进行曲》描写了秋天山林风貌，幼儿通过阅读可以体验与城市完全不同的生活。

与幼儿热点话题相结合。幼儿在不同的时间、阶段会对不同的话题产生探索兴趣。结合幼儿热点话题，提供相关的阅读内容并及时更换，能更好地调动幼儿阅读的积极性，促使幼儿时刻关注热点话题，保持很好的主观能动性。如在自主游戏中幼儿对动物园主题十分感兴趣，可在阅读区投放《动物园摇摆舞》《动物绝对不应该穿衣服》等图书，满足幼儿对动物的好奇心，培养其关爱动物的意识。

二、指导建议

1. 渗透阅读技能

从幼儿入园起，教师便应循序渐进地向幼儿传授一定的阅读技能。如，认识封面，知道从封面开始翻页、有序翻页、翻页有技巧；具有标题意识，知道标题能够说明故事的主要内容；学习阅读单页单幅画和单页多幅画的方法，以及其他简单的阅读技能，使幼儿逐步习得有效的阅读方法和技巧。

2. 建立阅读交流区

为了能使幼儿及时反映阅读中遇到的问题，选择相对空闲、大小合适的地方为幼儿创设阅读交流区是一种有效策略。阅读区与交流区要有明显区分，避免因交流而影响幼儿阅读。交流人数不宜过多，每个小交流区间要有隔离物，从而更好地满足幼儿对交流环境的需求。当幼儿在阅读过程中需要分享或交流时，教师引导幼儿转移至交流区，给予幼儿充足的交流和分享空间。

3. 鼓励幼儿反复阅读

有时候幼儿的阅读并不是一次就能完成的。幼儿在首次阅读后会对读物有初步的感受和体验，教师要鼓励幼儿再次阅读，看看有什么新的发现和收获，做到"温故而知新"。如在《我的幸运一天》中，"狐狸给小猪按摩时"，很多幼儿会问："狐狸为什么满头大汗？"幼儿不能充分理解这一内容是因为对故事中小猪让狐狸做了很多事情的发展过程不够熟悉。教师应引导幼儿关注故事发展中狐狸都做了哪些事，结合生活体验，帮助幼儿更好地理解狐狸出汗的原因，鼓励幼儿大胆推想，通过反复阅读寻求答案。

4. 引导幼儿主动求助

求助也是幼儿学习的一种有效方式。幼儿在阅读过程中，如果遇到自己解决不了的问题时，教师应引导其向老师和同伴求助。教师可以这样引导幼儿："如果自己看了总是看不懂应该怎么办呢？"幼儿可能会说"问老师""问小朋友"等，此时教师应给予幼儿肯定的回答，激发幼儿主动求助的意识。对于中、大班幼儿，教师还可以和幼儿讨论更多的办法，如用贴标签的方法，在自己看不懂的地方贴上便签，标注上自己的名字，教师或小朋友看到了都可以来解答疑惑。

5. 提供故事线索

在幼儿自主阅读中，教师可以提供一些故事线索，降低阅读难度，帮助幼儿理解。同一本读物对于拥有不同阅读经验的幼儿而言，会获得不同的阅读体验和收获。因此教师可以设计难易不同的问题引导幼儿阅读。通过故事线索，逐步引导幼儿猜测故事

内容，验证自己的猜想。如《做朋友吧》这个绘本，画面丰富、色彩明快，教师可以提供小蛇表情、动作变化的图片，通过图片引发幼儿对故事的推测。"小蛇为什么掉眼泪？小蛇为什么开心？"让幼儿在自主阅读中验证自己的猜想，激发幼儿自主阅读的积极性。

6. 支持阅读表征

幼儿在自主阅读的过程中首先会对书上的画面产生兴趣，但也会自发地对画面以外的文字产生好奇心。如在新年主题活动中，语言区投放了各种关于新年的图书，幼儿发现书上写的"福"字形态不一样，于是便开始找各种各样的"福"字。教师捕捉到教育契机，迅速引导幼儿把它们记录下来。就这样，幼儿在翻翻找找、写写画画中萌发了对文字的好奇心及探索使用文字的愿望。

三、注意事项

1. 开展自主阅读时，教师不能仅为幼儿提供时空条件，便放任自流，听之任之，而应时刻关注幼儿的阅读状态、阅读兴趣及阅读效果等，及时给予引导。

2. 教师适时创设机会和平台，让幼儿交流自主阅读的收获，一方面检验自主阅读效果，另一方面锻炼幼儿的表达能力，激发幼儿的表达愿望和阅读兴趣。

谈话活动

谈话是培养幼儿良好的倾听习惯和表达能力的一种重要途径。谈话活动具有时间短、主题明确的特点。谈话活动能够让教师及时发现幼儿语言发展水平，对于帮助幼儿系统地发展口头交流能力有着不可替代的作用。

一、组织策略

谈话活动看似是平常的一件事，但如果教师不加以重视，流于形式或组织不当，就会导致无效或低效的结果。

1. 根据谈话内容确定谈话类别。一般谈话活动分为命题谈话（预设主题）和随机谈话（生成主题）两种。

谈谈升旗仪式的收获。
幼：老师，我也想当升旗手。
师：怎么做才能被评为升旗手？
幼：不迟到，早睡早起。愿意帮助别人……
幼：我们身上得有让小朋友学习的地方才能当升旗手。

2. 创设适宜的情境引入谈话主题。如母亲节谈话活动前，教师可以先播放一段妈妈照顾宝宝的视频，引发幼儿的兴趣，激发幼儿的谈话热情。

3. 采用多种辅助手段帮助幼儿交流与表达。如端午节谈话时，引导幼儿利用身上的配饰以及从家里带来的粽子，或者自己收集的图片等辅助表达，丰富幼儿生活经验，使表达效果更直观。

4. 通过提问将谈话引向深入。一是提问有明确指向性，如："这件事是什么时候发生的？最后结果怎样？"二是提问具有开放性，如："如果是你，你会怎样做？你还能想出什么好办法？"三是提问具有引导性，如幼儿A在户外搭城堡，幼儿B在一旁跑来跑去，不慎将幼儿A的城堡碰倒了，幼儿A很难过。游戏结束后教师趁机组织集体谈话，并提问："如果你是A，你会有什么样的感受呢？在户外游戏的时候小朋友要怎么做？注意些什么？"

二、指导建议

1. 谈话氛围要自由、轻松，激发幼儿想说、敢说、喜欢说的欲望。

2. 选择幼儿感兴趣或容易引发共鸣的谈话话题。教师要注重观察，支持幼儿的兴趣，但当幼儿谈话偏离主题时，教师要及时引导幼儿回归谈话主题。

3. 善于捕捉幼儿谈话中值得激励的亮点，给予及时的评价，给幼儿以方法、情感、态度和价值观的引导。如：夏天骄阳似火时，幼儿感觉很热，情不自禁地说"热得身上的汗像下雨一样"。教师要顺势抓住幼儿感受准确、表达生动这一优点并加以赞赏，引导幼儿用所学的词汇大胆表达自己的感受，激励幼儿学以致用的学习品质和习惯。

4. 谈话活动除了每天有固定的时间外，还应抓住一日生活中无处不在的谈话机会。谈话可以全体幼儿参与，也可以教师有意识地每天跟几个幼儿谈话，在一个周期内争取跟所有的幼儿都能谈一次话，以此来了解幼儿在语言习惯、语言能力和语言方面的不足，进而促进全体幼儿的语言能力发展。

三、注意事项

1. 谈话过程中，发现幼儿表达有明显不规范或错误之处，要及时给予纠正和指导。
2. 谈话活动中尽量引导幼儿说完整话。
3. 引导幼儿遵守谈话规则，养成良好的谈话习惯。谈话时注意看着对方的眼睛，认真倾听，不随意打断别人的表达，并积极思考给予回应。

故事教学

故事是一种深受幼儿喜欢的文学形式，具有连贯性、情节生动、结构完整、感染力强等特征，蕴涵着丰富的认知、情感、审美等方面的价值。因此故事教学是发展幼儿语言能力的重要途径。

一、组织策略

在幼儿园，故事教学是一种常见的教学活动，教学步骤教师并不陌生，但故事教学需要将各种策略方法融会贯通，才会取得事半功倍的效果。

1. 提问法

故事教学中，教师巧妙的提问不仅能够帮助幼儿理解内容，提升思维品质，还能帮助幼儿学习和运用语言等。教师的提问应注重开放性，一是提问探究原因的问题，如"为什么你会这样想？"二是提问假设性的问题，如"假如你是××，你会怎么做？"三是提问归纳类型的问题，如"除了××，还有更多的××吗？"四是提问具有逻辑性的问题，如"你知道什么叫'不快也不慢'吗？"

2. 情境法

情境法是通过一定的事件描述或一定的环境设置、模拟，激发儿童的情感或思维，使儿童产生身临其境的逼真感，以达到教育的目的。教师可通过图片、音乐、语言描述和动作演示等多种手段，创设有关情境。例如，具有典型性季节特征的《落叶捉迷藏》故事，活动前，教师创设情境："秋天到了，到处是一片收获的景象。小树叶离开了大树妈妈的怀抱。今天，老师请来了很多树叶到咱班来做客。但是，它们很淘气，藏在了教室的各个角落里，你能找到它们吗？"

3. 多媒体演示法

多媒体演示法是综合运用图片、动画、视频、音效和文字的方式进行演示的方法，能够向幼儿直观形象地展示。该方法的特点是富有直观性（图文声像并茂）、动态性、交互性、针对性、大信息量（如大量不同动物的叫声）等，有利于帮助幼儿分析故事情节。例如，故事《谁敢嘲笑狮子》中，利用动态特效演示猎豹、猴子、蛇、大象的本领，直观形象地引导幼儿在看一看、比一比、想一想的过程中知道不同动物的本领和特长。

4. 表演法

表演法是指通过组织表演，把幼儿带入故事情境，激发幼儿强烈的表达愿望，加深对故事理解的一种教学方法。表演法分为教师示范表演、师幼共同表演、幼儿自编自演三种形式。例如，故事《金发女孩和三只熊》，幼儿戴上女孩的假发套以及自主制作的三只熊头饰，找到了大、中、小碗（床或椅子），通过分角色表演，理解了故事，体验了文学作品的美。

5. 谈话法

教师引导幼儿运用已有的经验和知识进行交流，借以获得新知识。例如，故事《彩虹的尽头》中，幼儿知道故事中"宝贝"的含义，积极参与谈话讨论，教师抛出话题，请幼儿说一说自己眼中的"宝贝"是什么，以此展开谈话和讨论。

6. 游戏法

教师借助游戏进行教学，既可用游戏的口吻，也可用有规则的游戏组织教学。例如，在故事《我要上车》中，引导幼儿玩乘车去旅行的游戏，激励幼儿主动参与，扮演司机和乘客有序上车，通过角色扮演讲述故事。

7. 融合法

融合法是指将故事教学与其他教育活动相渗透的策略。如与区域活动整合，故事

教学与美工区活动结合，可以制作手工、绘制创编小图书等，发展想象力和创造力；与音乐区融合，编演音乐情景剧，使文学作品在音乐的衬托下更容易理解。

二、指导建议

1. 教师准备充分

教师要先通过通读、细读、精读故事，把握故事等文学作品中的词汇经验、语句经验、修辞手法经验等；把握活动的目标、准备（精神准备和材料准备）、重难点、课时分配等。

2. 教师巧用教学技巧

教师讲故事时用好停顿、沉默、语气词，放慢讲故事的速度（吐字清晰），利用好故事中的重复效应，注重富有感染力的角色转换，使用手势强化语言等，会使教学收到很好的效果。

三、注意事项

好的作品是顺利进行故事教学的有力保障。选择作品时，要充分考虑作品的教育性、情感性、趣味性和欣赏性。

看图讲述

看图讲述是叙事性讲述活动中的一种重要形式，是教师启发幼儿在观察图片、理解图意的基础上，根据图片提供的线索进行构思，并运用恰当的词句完整且有条理地表达的一种教学活动。

一、组织策略

看图讲述的关键在于观察和表达两个环节。教师观察和分析准确，不同年龄段采用的图片适宜，幼儿观察图片就细致，口头表达就丰富。

1. 详细分析图片

分析图片所适合的年龄段。图片线索比较单一，角色的动作、神态、表情比较明显，角色特征鲜明突出的画面可用于小班讲述活动；图片前后顺序有必然的关联，角色增多，形象突出，能表现出角色的神态或心理活动的图片可用于中班讲述活动；线索较复杂，画面内容有更多想象的空间，能观察到角色的心理活动，能想象或联想到画面以外的线索的图片可用于大班讲述活动。

分析图片的顺序。可以在分析后按事件正常发生发展的顺序摆放，也可根据实际需要摆放图片，形成具有新主题、新情节的故事。

2. 引导幼儿按顺序观察画面

指导幼儿观察图片，一般要根据具体画面，选择恰当的观察顺序。

对于单幅图，可引导幼儿由上到下、由左到右、由远及近，由主要情节向次要情节，由环境到人物关系进行观察。

对于多幅图，如果情节比较复杂，一下全部出示会增加幼儿观察讲述的难度，就可采取先局部再整体的观察方法。例如，四幅图的故事《小兔家的窗》讲的是冬天到了，小兔子因为家中窗户上没有玻璃而冷得直哆嗦。这一环节先引导幼儿聚焦观察第一幅图中小兔子瑟瑟发抖的画面，为下一环节埋下伏笔。

针对画面内容情节较简单、逻辑性不明显的多幅图片，可采用先整体再局部的观察顺序。先引导幼儿整体观察，初步感知后再逐幅图仔细观察讲述。如《小兔运南瓜》，单从第一张图和第二张图很难猜出小兔想要做什么，整体观察后再逐幅图观察会发现，小兔子是在模仿轮子运南瓜。

3. 利用有效的提问，调动幼儿已有经验

教师通过有效提问，引导提示幼儿观察画面，观察细节，发现和寻找问题的答案，从而感知和理解画面内容，调动自己原有的经验讲出问题答案。此环节教师尽量放手让幼儿自由讲述，给幼儿充分的说的机会，以下提问可供参考。

类型	提问与案例
按特征提问	图片上有谁?（讲出描述的对象，包括人物、动物等） ××长什么样子? ××的表情是什么样的?（讲出对象外部形象的特征） 例如：天天长得不高也不瘦，大大的眼睛，穿着白色的上衣。 小兔子有长长的耳朵，红红的眼睛，短短的尾巴。 ××是什么样子的?（描述人或物的形态特征） ××的表情是什么样的? 例如：桌子有一个方形的面，还有四条腿。
按表达内容提问	××说了什么? ××是怎么说的? ××先说了什么? 又说了什么? 最后说了什么?
按行为动作提问	××做了什么? 例如：豆豆把朵朵扶了起来。 ××是怎么做的?（讲述连续的动作） ××看见了什么? 听到了什么? 闻到了什么? 摸到了什么?（引导幼儿将动作具体描述出来）
按心理活动提问	××心里会想些什么? ××心里是怎样想的呢? ××想到了什么?（根据不同的画面，提出问题，让幼儿想象心理活动）
按情绪表现提问	××的表情是怎样的? 是开心的、愤怒的，还是愁眉不展的? ××的心情怎么样?
按故事讲述场景提问	××在什么地方? 这个地方有什么? ××是什么样的? 例如：空中挂着一轮太阳，太阳是红红的，烤得大地火辣辣的。 有的马路是笔直的，有的马路是弯弯曲曲的。
按故事猜想、发展顺序提问	看图推想一下：发生了什么事情? 先发生了什么事情? 又发生了什么事情? 最后发生了什么事情?（思考前后逻辑关系，事情发生的来龙去脉） ××想了什么? 先说了什么? 又说了什么? 最后说了什么? ××先做了什么? 又做了什么? 最后做了什么?

第三章　幼儿语言活动的组织与实施

4. 运用新经验，丰富讲述活动

新的讲述经验有丰富的词汇，有更加符合逻辑的语句，能清楚、有序、完整讲述等，可以利用大小图相结合的方法。幼儿自由讲述时，可以给每个幼儿提供一套小图，单人讲述时教师可提供和小图相同的大图，讲述后及时给予幼儿评价和鼓励。

例如，幼儿说："有一只聪明机灵的松鼠噔噔噔地爬到了大树上。"教师表扬他用了形容词，肯定他的讲述，幼儿对这个词就会记得特别牢固。

再如，增加形容词"红红的""香喷喷的"，连接词"有……有……还有……""因为……所以……""如果……"等词汇和简单的句型。通过教师的问题引导，师幼互动，幼儿之间相互合作、交流等，将更多的语汇、句子运用到叙述中，丰富幼儿讲述活动的体验。

二、指导建议

1. 选择的图片内容避免单一，要关注幼儿情感、能力、知识、健康等方面的教育，符合幼儿生活和认知水平，符合幼儿的年龄特征，由易到难。

2. 选择的图片表现形式应具有艺术性，能引发幼儿看图兴致，有一定感染力；画面设计、故事内容不宜过于复杂；主题突出，色彩鲜艳，画面形象清晰、有趣，幼儿能看懂、易理解。

3. 选择的图片数量应多样，既有单幅图，也有多幅图。

4. 教师在指导幼儿看图讲述的时候，小班幼儿讲出图片的中心内容即可；中班幼儿需要按顺序大概讲出图片内容；大班幼儿要能抓住图片的关键，讲出事物之间的关系，联想讲出画面以外的线索。

5. 幼儿在讲述情节性、动作性较强的图片或者第二次进行看图讲述活动时，教师可以鼓励幼儿演一演故事。

6. 开放性的故事结尾没有固定答案，幼儿可以合理想象，多角度地理解、表达。

三、注意事项

讲述图片时，教师不要固化思维，同一幅图幼儿可以有不同的理解和讲述。

故事讲述

故事讲述对培养幼儿的倾听与表达能力，促进幼儿的认知和情感发展，培养社交技能等有着很好的促进作用。幼儿园的故事讲述可以是教师讲，也可以是幼儿讲。

一、组织策略

1. 创设讲述氛围，激发幼儿的兴趣

班级可以设立故事讲堂，每天利用饭前、离园前等固定或不固定时间进行集中讲故事活动；幼儿也可以在故事区角进行小范围的讲故事活动；还可以以幼儿园为单位开展"故事大王比赛"等活动，吸引幼儿参与讲故事的热情。

2. 选择各年龄段适宜的故事，发挥讲述价值

小班幼儿认知水平较低，中班幼儿理解水平逐渐提高，大班幼儿有一定的理解能力，也有丰富的想象力。教师应注意选择符合幼儿认知和情感经验的故事，如下表。

年龄段	选择故事建议	推荐图书
小班	选择情节简单、线索清晰、故事人物较少、蕴含道理浅显、带有重复性内容的故事	如《谁咬了我的大饼》《小兔乖乖》《小熊宝宝》等
中班	选择情节生动、内容丰富、思想情感表达深刻的故事	如《我爸爸》《彩虹色的花》等
大班	选择内容稍微长一点，情节生动曲折，人物形象鲜明突出，内涵深刻的故事	如《蚯蚓的日记》《我的幸运一天》等

3. 选择词汇丰富且生动的故事

教师讲故事时，应该有意识、有目的地选择语言生动且丰富的故事，让幼儿在一定的语境中，增加词汇的积累，提高语言表达能力。例如《金鸡冠的公鸡》中"急腾腾""黑幽幽""高耸耸"等词，《鸭子骑车记》里"一摇一摆""左摇右晃""异口同声"等词，让幼儿从讲述中丰富词汇，更好地促进语言能力的提高。

4. 选择趣味性较强的故事

故事生动、情节曲折、内容诙谐幽默，才能吸引幼儿的注意和兴趣，调动学习的积极性。如《我的幸运一天》是一个诙谐有趣的故事，故事中猪因为自己的糊涂，不小心敲了狐狸家的门，本以为会被狐狸吃掉的猪，凭着自己的聪明智慧，逃离狐狸的家。故事中的悬念和情节的反转给了幼儿想象的空间，激发了幼儿听的欲望。

5. 运用辅助手段，增强讲故事的感染力

为了讲述生动，教师可以引导幼儿运用"肢体语言""语音语调""控制语速"等语言表达的技巧来烘托氛围，增加故事的感染力和表现力。如故事《乌鸦和狐狸》中乌鸦和狐狸之间的对话，讲述时教师可提醒幼儿，模仿乌鸦说话声音要粗犷低沉；而模仿狐狸时，可以通过尖锐、细声细气的声音来体现其狡猾的特点。语气语调的变换，能够增强视听效果，使幼儿能直接感受，促使其调动各种感官去感知、联想和想象。

6. 巧妙设计提问，加深对故事的理解

故事讲完后，为了帮助幼儿记住故事情节，理解故事内容，教师可以提出一些问题让幼儿思考回答。如"故事叫什么名字？故事里有谁？他们之间发生了什么事？"还可以就故事中的关键点进行提问。如一名幼儿在讲完故事《聪明的乌龟》后，教师追问"乌龟为什么要咬住狐狸的尾巴而不开口说话"，加深幼儿对故事内容的理解。

二、指导建议

1. 教师应有相应的预设

讲故事时，教师要先熟悉故事内容，做到对故事情节了然于心，不应刚接触一本新书就给幼儿讲，而要提前深入故事的情境中，对故事内容有一定了解和预设，在讲述的过程中能随时为幼儿设下悬念，吸引其注意力，提出高质量的问题，将幼儿的思维一步一步引向深入，助力幼儿语言能力提升与发展。

2. 为幼儿扫除理解障碍

讲故事前，让幼儿熟悉故事情节，帮助幼儿扫除理解故事的障碍。如《彩虹的尽头》中的"宝贝"，大班幼儿对"宝贝"一词虽已有粗浅的认知，但主要还停留在物质方面，对于"宝贝"的深层含义，幼儿不明白也不理解。教师要引导幼儿懂得"宝贝"的真正意义，除了物质上的"宝贝"，还有精神上的"宝贝"，如友情、珍贵的回忆等，都可以称为"宝贝"。扫除了词语的障碍，幼儿再次讲述的时候就能把狐狸和獾的内心世界表达清楚。

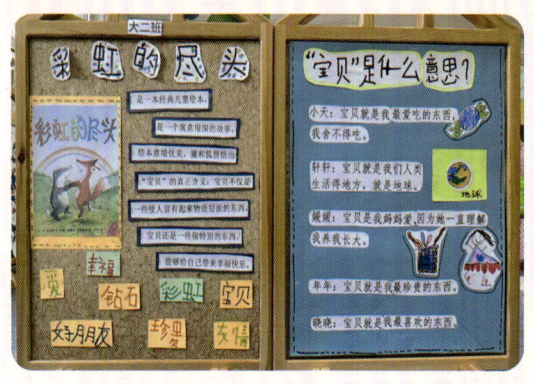
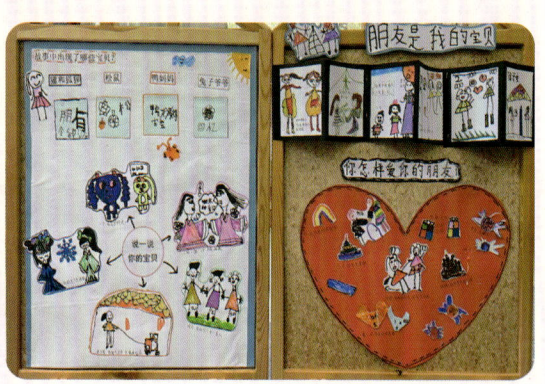

3. 遵从循序渐进原则

在幼儿讲故事的初始阶段，教师要降低要求，不要一味地要求幼儿清晰、连贯、完整，应允许幼儿有从模糊到准确的过程。在这个过程中，教师通过问题引导、同伴互助的方式，引导幼儿逐步完整讲述故事。如，教师提问："老师刚才是怎么讲的？和你讲的有不一样的地方吗？哪些地方不一样？"一步一步地引导幼儿从模糊讲述到准确讲述，直至生动讲述。

三、注意事项

幼儿讲述时，教师不要轻易打断，重点是培养幼儿连续表达和倾听的能力，可以在幼儿讲述结束后引导大家做评价。

 节日讲述

节日是一种文化，不仅有表象活动，还有深刻的含义。节日讲述活动既能很好地提高幼儿的语言理解能力、表达能力、表征能力，又能支持幼儿进行节日文化和传统文化的探索，进一步让幼儿感受节日文化的独有魅力。

一、组织策略

1. 创设浓厚的节日氛围

浓浓的节日氛围能让幼儿在感受节日内涵的同时，建立对表达的热爱。教师可以根据每个节日的不同特点，鼓励幼儿参与环境的创设，感受节日的气氛，让幼儿身临其境，幼儿想说的动机一旦被唤起，自然就会迸发表达的兴趣。

2. 收集与节日相关的内容

拥有丰富的生活经验是幼儿语言表达的来源和基础，只有拥有丰富的生活经验，幼儿才能言之有物。因此，在节日活动之前，应引导幼儿自主收集与节日相关的信息，这个过程既凸显了幼儿的自主性，又能很好地帮助幼儿了解节日文化。大家的分享交流，则使幼儿在自己已有经验的基础上又收获新经验，进一步丰富幼儿的讲述内容。

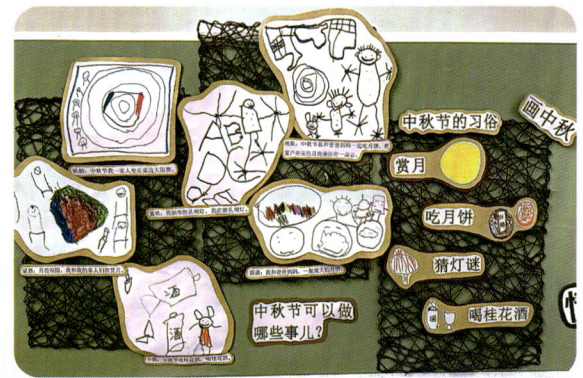

第三章 幼儿语言活动的组织与实施

3. 开展体验活动

教师可以根据不同节日的特点，组织开展相关游戏活动。幼儿在分享自己游戏体验的交流中，相互启发，共同学习，既感受节日的美好，又能在节日体验中发展语言能力。

教师可以在幼儿交流时，巧妙引导其讲清游戏过程的基本要素：时间、地点、人物、事件、感受等。左图是小朋友的分享：六一儿童节，我和月月、萱萱、彤彤还有茜茜一起在沙池挖宝藏，我们玩得很开心。

二、指导建议

1. 开学初，幼儿园可组织教师通过集体教研，归纳一学期中可以作为讲述内容的节日主题，列入学期学习计划中，并将计划向家长公布，使家长对节日讲述内容了然于心，并在每个节日前帮助幼儿做好准备，丰富幼儿的讲述经验。

2. 幼儿园公共环境中可设置跟传统节日相关的区域，在幼儿午睡前的散步或集体活动时，教师可以将学习地点移到公共环境区，引导幼儿在情境中进行讲述。

三、注意事项

1. 每个节日都有特定的习俗，引导幼儿讲述时一定要把节日独有的特征讲出来。
2. 引导幼儿从贴近生活的吃、穿、玩等角度来讲，幼儿会更容易感知与理解。

 情景讲述

情景讲述是叙事性讲述的一种，是以生活中发生的真实情景为依托进行的讲述活动。情景讲述的内容可以是有预设安排的，也可以是随机生成的。幼儿园进行的情景讲述主要有生活情景讲述和游戏情景讲述两种，每种讲述活动又包含预设性和生成性两种情况。游戏作为幼儿学习的主要方式，是幼儿情景讲述的重要内容之一，以游戏为内容开展讲述活动，幼儿在心情愉悦的情况下，更容易做到简洁、清楚、按顺序讲述。

一、组织策略

1. 预设性生活情景讲述

讲述前，教师可以叮嘱幼儿记住所做的事是怎么一步一步完成的，然后提供相应的时间和空间让幼儿回忆讲述，把自己做的过程讲清楚，其中人物的对话、自己内心

的想法等都可以讲出来。如在中班绘本教学活动"猜猜我有多爱你"结束后，教师布置爱心小任务，让幼儿回到家里为身边最爱的人做一件事，表达自己的爱意，第二天要进行讲述分享。第二天教师就利用活动时间组织幼儿回忆生活情景，讲述自己的爱心故事。

幼儿通过回忆表征为妈妈洗脚的过程，为生活情景讲述做铺垫。

2. 生成性生活情景讲述

生成性生活情景讲述一般都是在交流中引发的。幼儿在日常交流中的叙事常有断片的特点，幼儿口述真实发生的情景时，虽然会不完整，但教师如果觉得有延伸为集体讲述的价值，就可以引导幼儿独立构思事件，按照事情发生发展的顺序组织好语言完整表达出来，衍生为真实生活情景讲述活动。

3. 预设性游戏情景讲述

预设性游戏情景讲述活动一般是教师组织幼儿开展一个游戏后，利用此游戏引发幼儿回忆游戏的过程，并讲述出来。教师在游戏前提醒幼儿记住游戏是怎么开展的，观察游戏中人物的表现，记住游戏的规则以及游戏中自己印象深刻的事情等。在游戏结束后，幼儿共同交流，相互学习，互相补充讲述经验，即使有的幼儿不能独立清楚地讲述，也能通过倾听学习他人的讲述在自己的最近发展区里丰富已有的经验。这种有针对性的共同指导，对幼儿有序、连贯、完整地讲述真实情景较为有效。

"丢手绢"游戏后教师展示游戏现场照片，为游戏情景讲述做支持。

4. 生成性游戏情景讲述

幼儿园的日常生活中，幼儿在自主游戏后会有画游戏故事和讲述游戏故事的环节。讲述的内容有介绍游戏中和谁玩，怎么玩的，游戏中遇到什么问题或者矛盾，又是怎么解决的，游戏中发生了什么趣事，以及内心的情绪或感受等。游戏故事分享就是常见的生成性游戏情景讲述活动，有时候也是教师处理游戏过程中随机发生的事件，根据需要，顺势组织开展的相关讲述活动。

二、指导建议

1. 预设性生活情景讲述活动中，幼儿带着任务先做事后讲述，即便语言简短，某件事也能相对讲得比较完整，教师只需在关键处进行引导、点拨、追问，便可以帮助幼儿将内容讲得更清楚、更具体。

2. 在幼儿的集体游戏后开展的讲述活动，是幼儿共同参与的，一些幼儿能够较完整地记住游戏过程及部分细节，要让幼儿互相提醒、补充，彼此互动起来。同伴间的语言更容易被接受和学习。

三、注意事项

集体讲述时教师无须过多介入。

说明性讲述

说明性讲述一般指介绍事物的形状、特征、功用或操作过程的讲述形式。在幼儿园中它不如其他类型的讲述活动出现的频率高，但说明性讲述对培养幼儿简洁、规范、准确的表达以及逻辑思维能力具有一定意义。

一、组织策略

1. 灵活安排讲述时间

说明性讲述活动除了在集体活动中可以安排，还可以在饭前、午睡后、离园前等时间创设机会安排，是有预设的活动。

2. 区分于一般讲述活动

说明性讲述活动与一般的讲述活动有所不同：它无须使用生动形象的句子，无须丰富的感情色彩，只需要一个凭借物作为讲述对象，需要真实、简洁、准确地说明讲述对象的特点（大小、形状、颜色）或操作流程等，需要按一定的顺序或步骤来讲。

3. 引导幼儿有序讲述

幼儿在没有说明性讲述经验之前，也能讲出一些内容，但这些内容往往没有头绪，杂乱无章。如幼儿介绍自己家的小猫咪，他说："我家的小猫咪，尾巴长长的，眼睛圆圆的，身上有黑有白，喜欢吃小鱼干，还长着长长的胡须。"乍听起来，每一句都清楚完整，但仔细分析就会发现他的表述在内容的组织方面是比较混乱的，一会儿介绍外形，一会儿介绍生活习性。介绍外形时也是一会儿前，一会儿后，一会儿又返回前面，没有逻辑顺序。教师可以随着幼儿认知水平的提高，引导幼儿逐渐从无序地讲述到有顺序地讲述，再到有主次地讲述。

4. 按年龄确定同一事物讲述侧重点

以介绍猕猴桃这种水果为例，不同年龄的幼儿，内容讲述的侧重点也有所不同。

小班幼儿的语言表达能力较弱，处于学习与发展的初级阶段，应该积极鼓励他们尝试讲述事物直观的特征，在玩一玩、说一说中发展说明性讲述的能力。例如介绍猕猴桃时，可以让幼儿说说看到的猕猴桃的颜色、大小、样子、尝到的味道等。

中班幼儿的思维水平有了进一步发展，教师可以提出更高挑战，除了引导幼儿看，还应调动其他感官进行观察，如摸摸是什么感觉，闻一闻有没有香味，尝一口是什么味道等。除了观察猕猴桃的外部特征，还可以引导幼儿看一看里面的结构特征（样子），并按照从外向内的观察顺序来介绍猕猴桃。这既是幼儿观察的顺序，也是幼儿表达的顺序，介绍的次数多了，幼儿自然就知道如何介绍某种水果了。

大班幼儿基本可以做到围绕讲述对象，联系生活实际和切身体验，思路比较清晰、语言比较连贯地进行说明性讲述。这时教师可以引导幼儿分出主次来介绍讲述对象的特点，也就是做到有重点地讲述。如介绍猕猴桃，除了按从外到内的顺序介绍基本特征之外，更主要的是介绍它的功能，像营养价值、对身体的好处以及吃法等。

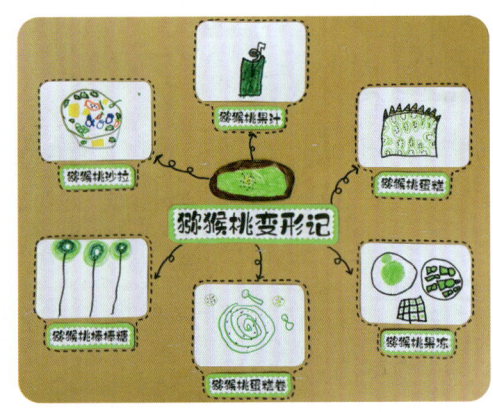

二、指导建议

1. 幼儿园里的说明性讲述内容最好和生活紧密相连，讲述幼儿看得见、摸得着的事物。如介绍每天所吃的间点（干果、水果等）的样子，介绍所观察到的植物的生长过程，介绍喜欢的玩具、自己的小作品，介绍游戏区的规则，介绍七步洗手法、如厕流程、盥洗步骤等，这些介绍都属于说明性讲述活动。

2. 幼儿介绍事物时，为了能让表达的逻辑顺序更清晰，教师可适当教幼儿或潜移默化地渗透一些表示先后顺序的词语。如，"刚才××小朋友是怎么介绍西红柿的生长顺序的？他先讲的什么？然后讲的什么？再讲的什么？最后讲的什么？"还有像"开始……接着……后来……""第一步……第二步……最后……"这些关联词，都可以教幼儿使用。

3. 引导说明性讲述的过程中，教师的指导语要浅显易懂且指向性强。如果教师想引导幼儿认识苹果有果皮、果肉和果核三部分，就不宜提问："苹果是由哪几部分组成的呀？"幼儿很容易因听不明白而回答不上来。教师可以这样问："大家看苹果最外面一层叫什么？苹果的中间有什么？最里面藏着什么？所以苹果由哪三部分组成？"

4. 教师在开展讲述性活动时应遵循先让幼儿认知，然后再讲述的指导策略。幼儿需要具备一定的科学知识，对事物有清楚准确的了解，才能做到言之有物、言之有序。（物——颜色、外形、味道、材料、结构、用途等）

三、注意事项

教师注意倾听幼儿说明性讲述的条理性和逻辑性，发现其中的闪光点要及时给予鼓励，对存在的明显错误及时纠正。帮助幼儿弄清楚表达顺序要先于讲述，不可操之过急。

表演活动

表演活动是培养幼儿语言、艺术、社会多个领域能力发展的重要形式，是根据故事、绘本等文学作品的内容，通过扮演其中的角色，运用丰富的语言，恰当的语气、动作和表情等表演方法再现作品内容。表演过程中可以发展幼儿的口语表达能力和肢体语言，培养幼儿的艺术表现力，在创编故事情节中发展幼儿的想象力和创造力。

一、组织策略

1. 创设适宜的表演环境

创设适宜的表演环境是开展表演活动的重要条件。可以鼓励幼儿利用各种材料尝试创设表演故事所需要的环境，如，投放幕布、布置舞台、制作音响等（可用纸箱、废旧物等材料自制），但舞台的布置不需要过于丰富，以适用于多种类型表演。

2. 选择恰当的表演形式

完整复述式表演。完整复述式表演是最常见的形式，表演的内容大多是幼儿较为熟知的故事，教师先带领幼儿进行集体讲述，然后由幼儿复述，最后进行表演。

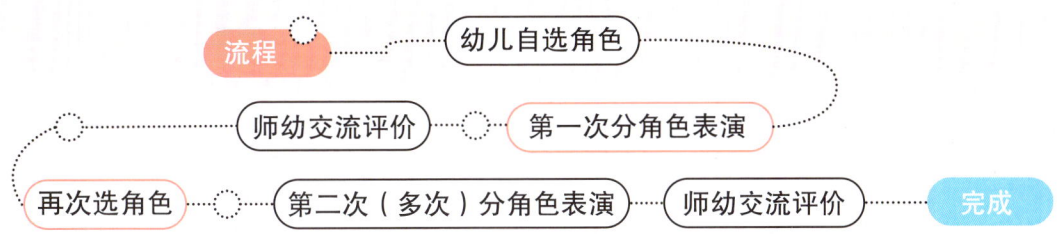

完整复述式表演可以初步培养幼儿自主选择角色、合作分工表演的能力。教师根据所表演内容的难度层次，利用有效评价发挥主导作用，帮助幼儿在语言表达、肢体动作、角色细节刻画等方面提升能力，使幼儿的表演水平更上一层楼。

片段式表演。不是所有的故事都适合从头至尾完整表演，有的故事较长，就可以采用片段式表演的方法，即利用某个特定的情节创编一段表演来帮助幼儿更好地理解重难点。例如，在经典故事《三只蝴蝶》中，故事的重点部分在三只蝴蝶与红、白、黄三种花的对话，在讲述到这一部分时，教师可以先提问"下雨时，三只蝴蝶一起飞去找谁？说了什么？红花是怎样回答的？""三只蝴蝶又飞到谁那里？说了什么？黄花是怎么回答的？""它们最后飞到哪儿？说了什么？白花又是怎么回答的？"再请幼儿分别扮演红蝴蝶、黄蝴蝶和白蝴蝶，在表演中巩固故事中的对话，更好地理解和把握故事内容。

体验式表演。体验式表演是一种通过行为模仿影响个体心理的表演方法，弱化故事中的原有对话，给予幼儿更多动作、表情、肢体语言、语气语调的发挥空间。教师充分运用自己的语气、语调和适当的动作呈现故事中角色的情绪和性格特征，帮助幼儿创设真实的表演情境，让幼儿对角色产生兴趣，从而激发幼儿模仿、表演的欲望。如在绘本故事《獾的美餐》中，当教师讲到"不久，獾就拦住了一只鼹鼠，他正从身边路过。'嗯……'他想'用加香料的热沙拉做鼹鼠卷怎么样啊？啊哈，那就是我的美餐啦！'"这一片段时，单靠教师的讲述很难让幼儿体会到獾的心情和神态。此时教师就可以把自身融入"獾"这个角色中，单手掐腰，微微弯曲着身体，另一只手挡住半边脸，眼睛偷偷瞄向幼儿的方向，从小声自言自语到开心地忍不住笑出声，这时班级里有一名幼儿说："老师，你可真像獾啊！"这句话能反映出幼儿被教师形象的肢体语言和夸张的语气语调吸引，产生了模仿兴趣，那么我们在后期开展《獾的美餐》故事表演游戏时，幼儿就会尝试模仿教师的语气、动作进行表演，体会獾开心、得意、紧张的情绪。

3. 为幼儿自制道具提供材料支持

在确定表演内容后，教师可以先请幼儿讨论表演时需要用到的道具，然后请幼儿自己亲手制作道具。如在表演绘本故事《狮王的蛋糕》中需要用到很多蛋糕，教师就可以开展"蛋糕制作大赛"，为幼儿提供丰富的材料，让幼儿自主选出可以用来做蛋糕及其他道具的材料，并将制作的作品在美工区展示出来。幼儿相互学习，相互借鉴，既调动了积极性、主动性，又在制作道具的过程中提升了动手的能力。

4. 为幼儿表演提供多媒体辅助

多媒体能够综合运用声、光、影，用适合的背景音乐、巧妙的动画创设一个更真实的表演情境。例如在表演《白雪公主和七个小矮人》的故事时，皇后和魔镜出场时用了音乐《魔镜》，前奏部分能够非常巧妙地衬托出皇后恶毒的性格；王子出场时，用了《凯旋进行曲》，展现王子作为贵族出场的气势；公主死亡时用了《流浪者之歌》等。在整个故事表演的过程中背景音乐的分量很重，但是每一处的背景音乐都能够推动故事情节的发展，再加上动画的渲染，幼儿在表演时如身临其境，从而取得最佳的表演效果。

二、指导建议

1. 选择表演的故事要符合幼儿年龄特点，贴近幼儿生活经验，适于表演；内容积极向上，有一定的教育价值，有助于幼儿形成良好的个性品质，促进幼儿情感的健康发展，对美好事物和美好生活产生喜爱和向往之情。

2. 为了更好地呈现绘本故事表演的效果，在开展集体的故事表演前，需要指导幼儿熟练掌握故事中的情节和对话，理解故事中呈现的角色的典型特征。

3. 教师可结合各类故事的特点、幼儿年龄段特点等，根据表演需要适当对原故事的角色、对话、情节进行改编，可以删减角色、简化对话、处理情节等。如绘本故事《一堆好朋友》虽然动物角色多、内容长，但意义好，易理解，适合表演，教师就可根据幼儿现有的语言表达能力水平，将对话较长的角色进行简化，使其有利于幼儿表演。

4. 幼儿园中处处都可以是幼儿表演的舞台，幼儿在任何时间、任何场地都可以当演员。当教师发现幼儿正在表演时，要及时记录幼儿的表演过程，时间允许的话还可以坐在旁边欣赏幼儿"演出"，在表演结束后用掌声或语言鼓励幼儿，用行动证明幼儿的表演是有人欣赏的，给幼儿营造出"我是演员，我在舞台上演出"的氛围。久而久之，幼儿就会喜欢上表演，可能还会呈现出一个完整的故事表演。

三、注意事项

1. "故事性"先于"表演性"

表演是培养幼儿语言发展的一种途径，也是幼儿喜欢的一种活动。在实际的活动组织中，教师切记不要过度地关注"表演性"，否则容易造成教师的介入过多，形成"高控"的局面，不利于幼儿的主体性发展。

2. 不同年龄段采用不同的指导策略

不同年龄段幼儿的语言能力和表现力不同，在表演活动中教师的观察和指导侧重点也应是不同的。如小班幼儿一般以自我欣赏为主，教师在对个体的表达、表现上指导可以多一些；中班幼儿一般以再现故事为主，教师可以在计划方面多一点指导；而大班幼儿的语言表达能力和表现力更强，教师可以激发幼儿的想象力与创造力，在表演情节与道具方面多一些引导。

诗歌教学

儿童诗歌包括儿歌和儿童诗两种类型，这两种体裁，语言精练、概括性强、讲究韵律。儿歌具有短小、节奏鲜明、朗朗上口、易念易记等特点；儿童诗与儿歌相比内容要深奥一些，篇幅略长，具有情感纯真、意境优美等特点。诗歌教学活动可以有效帮助幼儿感知语言的节奏感、韵律感，丰富幼儿表达情感的语言词汇及表现力，帮助幼儿在耳濡目染中逐渐了解并感知文学作品语言的风格与特征，为将来语言的学习和运用打下基础。

一、组织策略

结合儿歌、儿童诗的不同内容，可运用图示诵读法、情景表演法、说唱结合法、留白想象法、游戏体验法、多元表征法等多种方法来组织教学。

1. 图示诵读法

在观察图画所表现形象的基础上，感知、理解诗歌的内容，感受诗歌的意境，体会诗歌所表达的情感。

太阳　　（文：B.迪奥普）

黄黄的太阳／光溜溜的太阳／泻下金色的波光／浮现在黄色的河面上。
白白的太阳／光溜溜的太阳／泻下银色的波光／浮动在白色的河面上。
红红的太阳／光溜溜的太阳／泻下血色的波光／摇落在红色的河面上。

2. 情景表演法

一边朗诵诗歌，一边配上相应的动作，使幼儿在动作表演中记忆诗歌内容，更直观地理解诗歌意义，将幼儿带入诗歌优美的情境中，引领幼儿投入地欣赏和感知诗歌的内容。

草原　　　　　（文：金子美玲）

露水盈盈的草原如果光着脚走过／我的脚一定会染得绿绿的吧，
一定会沾上青草的味道吧／如果我这样走哇走／直到变成一棵草，
我的脸蛋儿／会变成一朵美丽的花儿开放吧？

3. 说唱结合法

根据诗歌的内容和特点，结合音乐歌唱的形式学唱童谣、诗歌。一般是二拍节奏，也有三拍，但最多不超过四拍，在明快的节奏和音律中学习儿童诗歌。

节奏说唱的形式多适用于儿歌或童谣，儿童诗更多是与音乐结合，如在朗诵时同步播放优美、舒缓的音乐，使幼儿更快进入诗歌意境。

小秋千

小／秋千／摇摇，里面／坐个／宝宝；
宝宝／出来／跑跑，里面／坐个／婆婆；
婆婆／出来／买肉，里面／坐只／小狗；
小狗／出来／欢叫，里面／坐只／小猫；
小猫／出来／钓鱼，里面／坐只／小兔；
小兔／出来／跳跳，蹦／蹦／跳。

4. 留白想象法

教师不是完整地示范朗诵整首诗歌，而是留有一些空白，以边朗诵边提问的方式，引导幼儿通过回答问题，填充空白部分，从而进一步感知、理解诗歌的内容。

诗歌括号里的部分可以留白，引导幼儿发挥想象为诗歌填上完整的词，同时为之后幼儿创编诗歌打下基础。

我的家　　　　　（文：王宜振）

我的家／是一棵春天的花树，
爸爸妈妈是（干）和（枝）／我和妹妹是（花朵）／在款款地盛开。
我的家／是一株夏天的（小草），
爸爸妈妈是（茎）和（叶）／我和妹妹是（露珠）／在亮亮地闪耀。

5. 游戏体验法

幼儿以玩游戏的方式感知、理解、记忆诗歌，可以开展游戏"诗歌接龙""角色表演""语言游戏""体育游戏"等。

幼儿分别扮演诗歌中的小白兔、小鹿、小猴等角色，以问答方式对诵诗歌，这也是幼儿喜欢的诗歌朗诵方法之一。

请进来　　　　　（文：胡光阁）

笃笃笃。"谁敲门呀？""是我，小白兔。"
"你要真是小白兔，就让我们看看你的耳朵。"
笃笃笃。"谁敲门呀？""是我，小鹿。"
"你要真是小鹿，就让我们看看你头上的角。"

笃笃笃。"谁敲门呀？""是我，小猴。"
"你要真是小猴，就让我们看看你的尾巴。"
笃笃笃。"谁敲门呀？""是我，我是风。"
"你果真是风，请进来吧，你自个儿从门缝往里钻。"

6. 多元表征法

当幼儿对诗歌中的画面内容有了一定印象时，可引导幼儿通过绘画、符号、动作、表演、吟唱等方式结合自己的经验展开想象。例如：在"小树叶"诗歌活动中，引导幼儿说一说、画一画小树叶还会飘落在哪里，还会发生什么样的故事。

小树叶

我是一片小树叶，长在河边的大树上，有一天风对我说：
"一只蜜蜂酿了一天的蜜，不小心跌落在河边的水面上。"
我立即离开大树，飘啊飘啊，变成了一艘小船，
救起了跌落在水里的小蜜蜂。

二、指导建议

1. 制定确切的教学目标

诗歌教学时要充分考虑幼儿的年龄特点，并结合其生活经验制定具体的教学目标。有的诗歌注重情感体验，有的诗歌注重品质培养，有的诗歌则注重生活经验积累等，因此在制定教学目标时要从情感、知识、经验等方面综合考虑。

2. 忌机械背诵，忽略创造力的培养

学习儿童诗歌不仅仅是为了提升幼儿的语言能力，增加词汇积累，还要注重发挥诗歌对幼儿想象力和创造力培养的积极作用。朗诵诗歌也是幼儿再创作的过程，在这个过程中，幼儿除了运用语言外，还可以通过眼神、手势等表情和动作，创造性地表现诗歌，可以借助丰富的想象，感受文学作品的意境美。

3. 忌过度教学，忽视学习诗歌的乐趣

切忌为了让幼儿理解诗歌意义，将大量的时间用在讲解分析诗歌内容、理解含义上，使幼儿对学习诗歌失去乐趣。有的诗歌会运用拟人、夸张等写作手法，幼儿难以理解其中的寓意，教师可在此时运用留白的方法，给予幼儿想象的空间，使其在自主创作中理解诗歌的含义。

4. 多种教学形式结合，避免单一枯燥

组织诗歌学习活动时，单一的模式枯燥乏味，会使幼儿失去学习兴趣，因此应将诗歌教学与其他领域的教育活动相结合。可以以某一首诗歌为中心，开展欣赏、朗诵、表演、制作、绘画、音乐等创造性活动，来丰富幼儿的想象力，发展幼儿的创造性思维。还可以运用多媒体等手段，使诗歌教学活动变得更有趣。

三、注意事项

儿童诗是儿童非常喜欢的一种文学形式，往往意境优美，情感充沛。但作为教学素材，在内容选择上应注意考虑适宜性。

1. 选择贴近生活的诗歌。
2. 选择富有幻想的诗歌。
3. 选择寄寓思想内涵的诗歌。

语言游戏

语言游戏是通过游戏的手段来培养幼儿的语言能力，是非常符合学前儿童学习特点的一种学习形式。

一、组织策略

有趣的语言游戏能吸引幼儿积极参与，但它需要教师精心地组织策划，包括游戏类型、组织形式以及游戏材料等。教师必须充分地思考与准备，才能更好地发挥游戏的价值。

1. 开展语音、词汇、句子等常见的语言游戏

语音游戏是以语言的发音和听音为主要游戏目标，以对语音的游戏性运用为主要特征的游戏。此类游戏注重通过对字或词的发音来发展幼儿听觉，不需要关注其意义。例如平翘舌的发音、相近字发音，以及辨别声音的高低、强弱和特点，这些都是比较适合玩的语音游戏。

词汇游戏是指导幼儿正确运用词汇，初步理解词汇的意思，丰富幼儿词汇量的一类语言游戏。可以开展"量词超市""形容词找朋友""反义词对对碰""词语接龙"等游戏。

句子游戏是指能将习得的词汇组织成句子，来描述某件事物或某个情景，注重语言的连贯和语句组织的合理性，从而促进幼儿语言发展的一类游戏。此类游戏比较适合描述某类事物的内容。

2. 组织集体、小组、区域等形式多样的游戏

集体和小组游戏是以教师为主导的游戏，其他更偏于幼儿自主游戏。教师主导的语言游戏主要是由教师预先制定游戏的规则和玩法；幼儿的自主语言游戏往往是幼儿根据已有的游戏经验来进行的，怎样玩、用什么玩、和谁玩、在什么地方玩等都由幼儿自己决定。

3. 借助丰富多样的材料开展游戏

提供集体游戏材料。集体游戏时，教师尽量避免"嘴巴干讲"，这样尤其不利于中、小班幼儿的发展。对于低年龄段幼儿，教师尽可能给其提供看得见、摸得着的游戏材料，在经验扩展环节，教师可以引导幼儿想象或根据实际经验回忆。此外，游戏材料应具有开放性，幼儿可利用已有材料，在活动中进行自由创造或者组合，来满足发展的需要。

投放区域游戏材料。这里主要指幼儿在自主游戏时间里，可以去语言游戏区进行游戏。区域里的游戏材料有来自集体活动后投放的游戏材料，也有教师根据对应年龄段幼儿语言发展特点自制的语言游戏玩具，还有幼儿从家里收集的合适的游戏材料。幼儿使用区域的语言游戏材料是自由的，他们可以按照每种材料的基本玩法玩，也可以自由创造玩。

引导幼儿自主寻找游戏材料。在幼儿园室内外的很多地方都可以找到能够促进幼儿语言发展的游戏材料，这些材料是幼儿在完全自由自主游戏时发现的，只需教师有意识地带领他们亲近自然、感受自然即可。例如秋天到了，幼儿在室外寻找秋天的足迹，他们对各种落叶产生了兴趣，便收集在一起。幼儿坐在操场上开始了玩树叶的游戏，他们用各种各样的词汇来形容自己找到的叶子的外形、颜色等特点。教师应抓住这样的偶发教育契机，鼓励幼儿大胆表达，获得语言能力的发展。

二、指导建议

1. 依据幼儿年龄特点进行指导

小班幼儿发音器官运用还不够熟练，在模仿声音方面，可以多设计一些语音游戏帮助幼儿提升准确发音能力。例如发相近音"哥哥——的的"，发平翘舌音"老师——老斯""狮子——四子"等。在词汇游戏方面，幼儿已经可以理解和运用常用的词语，一般以动词和名词为主，可以玩动词游戏"小动物怎样走"，名词游戏"这里有什么"等。另外，可以通过直接感知物品或事物的特点，尝试用形容词加以说明；也可以玩游戏"我

想吃×××的××"等。在句子游戏方面，小班幼儿已开始能够相对完整地表达一句话，已有用简短的语句来表达愿望的能力，所以适合组织贴近他们生活的一些较简单的语句游戏，例如设计游戏"他们在做什么"等。

中班幼儿的发音器官发育较小班幼儿更完善，并能较好运用，对于个别发音不准确的幼儿可直接指出问题并纠正，在语音游戏内容上可选择有一定难度的内容，这样能起到巩固和提升的作用，如可以学说绕口令《七个阿姨来摘果》等。该年龄段幼儿对词汇的需求量大，在质量方面也逐渐提高，因此词汇游戏可以相对增多，种类应全面些，动词、名词、形容词、量词和反义词等都可以接触。对于句子类游戏，可以注重将所习得的词连成较复杂的语句，如"名词＋动词＋形容词"句式，让幼儿初步体验语言的美感，这也是在为幼儿的阅读打基础。

大班幼儿的语言能力比较强，他们基本可以做到发音准确、清晰，因而在语音表达方面也要提升难度，不但要求发音准确，还要清晰，同时声调也要准确。语音游戏可以选择集合平翘舌和相近音于一体的绕口令。如《吃葡萄不吐葡萄皮》《高高山上一条藤》等，这样的内容既有趣味性，又会让大班幼儿感到一定的挑战性，符合该年龄段幼儿的心理。词汇游戏可组织"同义词小火车""一景多'形'"的形容词大荟萃等，这些都是潜移默化丰富词汇的有效方法。关于句子游戏，除了一般的陈述句式的训练，还可以增加疑问句、肯定句、感叹句等句式，提升幼儿对各种语言形式的体验，可以开展游戏"问答歌""夸夸我"等。

2. 提高游戏趣味性

教师在设计语言游戏内容时，要从本班幼儿年龄特点出发，目标难度适中，突出趣味性，吸引幼儿兴趣。创设轻松愉悦的气氛，激发幼儿想说、敢说、愿意说的兴趣，使其能够在不知不觉中提升语言能力，避免过多地关注智力的训练，切忌训练幼儿强记更多的语句和词语等，以免削弱游戏的趣味性。

3. 提升教师语言的趣味性

游戏中，教师的语言富有趣味性可以提高幼儿参与的积极性，例如小班开展词汇游戏"我想吃×××的××"，学习使用形容词。小班幼儿进入游戏比较慢，表达的主动性较差，这时教师可以游戏同伴的身份进入角色，对着水果图片说："我想吃红红的大苹果，我还想吃弯弯的香蕉。"并假装吃一口，教师用稚嫩的语言模仿幼儿可爱的声音，这个举动吸引了幼儿。接着，教师对幼儿说："我也想请你们和我一起吃水果！"这样，幼儿的参与感就能立刻被调动起来。

4. 发挥参与的主体性

幼儿在游戏中的主体地位常常被教师所占据，导致语言游戏体验不足，这便违背了教师利用语言游戏发展幼儿语言能力的初衷。无论是教师预设游戏的内容还是幼儿自主游戏的内容，教师都应注重体现幼儿是活动的主体，所以教师要多鼓励幼儿去说、去思考、去展示，即便是与教师预设的目标稍有偏差也无妨，重点是增强幼儿在游戏中对语言的体验。只有这样，他们才会对新经验更加感兴趣并记忆深刻。

三、注意事项

教师要尊重幼儿的个体差异，不能只照顾大多数，而忽略小部分。要更多地鼓励发展稍慢的幼儿参与，及时地给予他们肯定，充分调动语言能力较弱或发展较慢的幼儿的主动性。

语汇积累

语汇是语言的"建筑材料"，幼儿掌握语汇的多少，一定程度上决定着语言发展水平的高低。帮助幼儿掌握丰富的语汇有助于他们确切地表达思想，与人交流，对幼儿其他领域的学习以及个性发展都有很大的促进作用。词汇、语言句式、修辞方式等都可纳入语汇的范畴。

一、组织策略

幼儿语汇的学习一般有两种主要途径，一种是在日常生活中获得，另一种是通过儿童文学作品获得。教师应有目的地组织引导幼儿积累语汇。

1. 在日常生活中学习语汇

一个具有较强专业能力的教师在一日生活中会有意无意地创造和敏锐地抓住一些机会，引导幼儿学习与运用语汇。如幼儿在植物角给植物浇水时，教师可以提醒："给植物浇水要适量，如果水浇得太多，植物就会死掉了。""因为欣欣小朋友照顾绿萝时浇了适量的水，所以绿萝生长得很好。"教师适时运用关联词，就是要让幼儿在潜移默化中体会关联词"如果……就……""因为……所以……"的表达效果。

2. 在文学作品中学习语汇

幼儿除了在日常生活中积累语汇之外，还可以通过文学作品来扩展语汇。听故事、讲绘本、诗歌诵读、儿童歌曲演唱等都有助于幼儿语汇的积累。

在讲述、诵读中学习。讲述和诵读是幼儿在理解故事和诗歌的基础上进行的一种语言表达形式，无论是教师给幼儿讲述故事，还是幼儿间讲述故事，都是倾听学习的过程，在这个过程中都会扩展词汇量。教师还应鼓励幼儿大声朗读有韵律的诗歌，激发幼儿的朗诵兴趣，并让幼儿初步感知不同形式的文学作品中词汇及句子的美感。

在集体教学中学习。一些经典故事和绘本中的情节及画面能帮助幼儿理解作品中的文学语汇。教师可以挖掘适合各年龄段幼儿生活体验和实际经验的故事及绘本应用于集体教学活动中。如绘本《一条聪明的鱼》中有很多文学词汇，像"不可思议""奇妙""凝望""拂过"等，这些词有的直观易理解，有的抽象不易理解，对于不易理解的词汇，教师可运用具体的方法和措施辅助幼儿理解体会。记得一位教师在帮助幼儿理解"不可思议"一词时，顺势给幼儿变了一个小魔术，当时惊得幼儿眼睛发亮，教师马上说："你刚刚看到我变魔术时是不是很惊讶呀？"幼儿点点头，教师说："你

刚才张大嘴巴，瞪着眼睛，就是感到不可思议的样子。"幼儿顿时把自己的生活经验和"不可思议"联系起来，继而真正理解了"不可思议"一词的含义。

3. 在实践运用中学习

每个幼儿的接受能力与个体经验都是不同的，教师在日常活动中应时刻留意幼儿运用语言的机会，或创造机会帮助幼儿学会运用。一次晚离园的故事讲述时，教师讲解了绘本中"崇拜"一词的意思，没想到在后来的一次自主游戏中，豆豆无意间说出："哇，洋洋你把楼房搭得那么高，我太崇拜你了！"教师敏锐地捕捉到"崇拜"一词的恰当运用，当即在全班幼儿面前大声鼓励豆豆，说："你都会用'崇拜'夸奖人了，你学习了就会用了，我也崇拜你了。"这样，教师和幼儿在运用的过程中也帮助其他幼儿理解巩固了"崇拜"这一词汇。

二、指导建议

1. 提供丰富多样的读物

幼儿园要提供充足的文学作品供幼儿阅读、学习。文学作品中蕴含着丰富的词汇，故事中多运用拟人的手法，儿歌中多运用反复的手法，散文中多运用比喻的手法……幼儿通过欣赏、阅读、朗诵这些作品，为学习和丰富语汇奠定基础。

2. 丰富幼儿生活经验

要想让幼儿理解更多的语汇，丰富幼儿与之相关的生活经验是很有必要的。如学习儿歌《小树叶》，"秋风起来啦，秋风起来啦，小树叶离开了妈妈。"在这里幼儿有秋天、落叶的相关生活经验，也有对妈妈至爱亲情的理解，因此教师唤起幼儿的情感体验，会帮助其更好地理解"小树叶"离开"妈妈"时的留恋与不舍。

3. 引导学以致用

幼儿积累了语汇，如果不加以运用，则会仅停留在认知的水平。教师应抓住和创设语言情境引导幼儿经常加以巩固和运用，以便更好地发展其语言能力。如下雪了，幼儿会很开心、很兴奋，教师可借助此刻幼儿激动的心情，带领幼儿一同欣赏外面的雪景，引导幼儿观察雪花往下落的样子，并想象地面盖上的一层白雪像什么，和幼儿一起回忆之前学习过的"鹅毛""柳絮""棉被""砂糖"等词语，引导幼儿描述雪，加强幼儿对雪的理解。

三、注意事项

幼儿语汇的积累不是自然天成的，无论通过什么途径习得，都需要教师有意地引导和培养，帮助幼儿不断丰富语汇。因此教师应树立强烈的专业责任意识。

语言区角

语言区角是教师依据语言教育活动目标、幼儿感兴趣的语言活动材料及活动类型，有目的、有计划地创设环境，促进幼儿与材料、环境、同伴的充分互动，从而使幼儿获得个性化语言学习与发展的活动区。

一、组织策略

为更好地发挥语言区角的功能，可以在语言区投放多种材料，将语言区划分为阅读区、操作区、书写区三个区域，扩展幼儿的生活经验，丰富幼儿语言的内容，增强幼儿对语言的理解和表达能力。

阅读区

阅读区是以阅读为主要形式的语言活动区域。为了吸引幼儿进入阅读区，激发幼儿的阅读兴趣，温馨的阅读环境、丰富多样的图书是阅读区必不可少的元素。

材料投放

图书投放。对于小班幼儿，多考虑投放贴近生活，以图画为主、文字为辅，通俗易懂的图书，如科普类和趣味游戏类的图书以及情感教育类图书，字要大，图要多。针对中班幼儿，多投放益智类图书，如内容涉及动植物和气候变化、自然现象等，以及情节曲折生动、对话性和表演性强且能够激发幼儿想象力和产生情感共鸣的图书。大班幼儿理解能力增强，可以投放多种多样的图书，尤其是用词丰富、情节跌宕起伏的图书。

其他阅读材料投放。除了图书，在阅读区还可以投放正确的阅读姿势示意图，正确取放书籍示意图，简单的图书结构示意图等标识；墙面可以贴上爱护图书的标志，提醒幼儿不乱撕、不乱扔图书；利用阅读区的固定位置为幼儿提供儿歌、配图诗歌等内容，增加阅读机会。

音频投放。可以投放提前录制好的教师或幼儿讲述的故事音频，将故事音频二维码投放在阅读区，一并投放蓝牙音箱、耳机、点读图书、平板电脑等视听器材。

操作区

操作区是锻炼幼儿手、脑、口的实战舞台。围绕幼儿园基础课程和班级生成课程，操作区可分为表演类、讲述类和语言游戏类。

材料投放

表演类、讲述类游戏材料投放

- 不同动物或人物的手偶、指偶。
- 幼儿感兴趣的故事角色道具、头饰等。
- 供幼儿自主设计制作表演道具使用的各种笔、不同材质的纸、剪刀、胶棒等辅助材料。
- 剧目介绍牌，包括剧目名称、时间、地点、人物等内容。
- 角色分配表。

语言游戏类材料投放

- 图文配对（名词）。

- 量词配对。

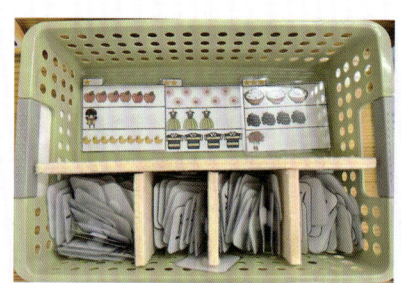

- 疯狂猜猜猜。（描述性语言游戏材料）

- 形容词火车。

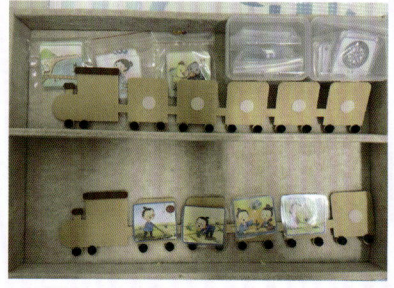

书写区

根据幼儿已有的生活经验,结合《指南》中语言领域的目标要求,通过涂、画、印、刷等各种方式,让幼儿感受文字符号的功能,满足幼儿涂涂画画的需要。教师要鼓励幼儿用多种方式表达自己的想法和情感。创设书写区旨在通过各种操作游戏,引发幼儿对前书写活动的兴趣,为将来正式的书写活动打下基础。

材料投放

- 纸和笔。

- 图书修补工具:剪刀、胶棒、双面胶、固体胶、透明胶、白纸、彩纸、水彩笔、小尺、订书器、打孔器等。

- 图书修补流程图。
- 自制图书步骤图。
- 正确的握笔姿势图、书写坐姿图。

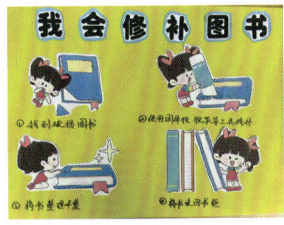  

- 用沙写字工具:沙、盒子、小扫把、小垃圾铲。
- 磁性写字板、磁性笔。

二、指导建议

1. 阅读区

定期更换图书，幼儿感兴趣的图书同版本提供多本，引导幼儿用正确的姿势阅读；引导幼儿把有趣的故事情节和同伴分享；引导幼儿按标志正确取放图书；鼓励幼儿制作《我阅读的图书记录表》，记录每月阅读的图书，在阅读时使用自制书签，中、大班幼儿尝试制作图书推荐海报；教师关注近期热点图书，即时生成表演或创编故事等语言活动。

2. 操作区

表演类、讲述类：鼓励幼儿用头饰、手偶、指偶等复述、表演故事；自己制作故事道具，设计参与角色扮演。

语言游戏类：语言游戏中用到的道具可继续投放；鼓励幼儿自己设计语言游戏材料，观察幼儿在区域中使用材料情况，随时调整；及时纠正幼儿表达中的明显语法错误。

3. 书写区

设置留白墙面，展示幼儿生发的新课程，并引导幼儿创编或续编故事；引导幼儿修补或自制图书；收集自然物品，提供多种书写操作材料；引导幼儿在环境中关注语言文字或符号，鼓励幼儿学习书写自己的名字，关注书写的安全性。

三、注意事项

1. 语言区角尽量设置在相对封闭、安静之处。可选取教室靠窗的位置，铺放地毯，布置轻柔的窗纱，既要保证光线充足、柔和，避免阳光直接照射伤害幼儿眼睛，还要注意所在区域尽量避开建构区、音乐表演区等相对吵闹的区域。

2. 提供适当的设施设备。周围放置书架，图书要按标志分类摆放。提供小方桌和沙发，地毯上可以摆放舒适的靠垫，营造温馨舒适的氛围，幼儿可以席地而坐，可独自阅读，也可以三两成群自由阅读。

游戏故事

游戏故事是了解幼儿游戏行为，理解幼儿游戏并支持幼儿发展的重要手段。游戏故事内容包含教师与幼儿的游戏对话，幼儿对自己游戏行为的口述，幼儿以图画形式记录的自己的游戏行为等。

一、组织策略

游戏故事的组织基本分为交流游戏计划、故事表征、故事分享和故事展示等部分，每一部分都应有教师的指导支持。

1. 交流游戏计划

在游戏计划制订后，教师可以请某位幼儿上前和其他人交流自己的游戏计划，说一说"自己今天准备玩什么游戏？用什么工具、材料来玩？和谁一起玩？各自的分工是什么?"幼儿在表达的过程中,教师适时引导幼儿把自己所画的内容和脑中所想的进行结合,理清条理,并完整、顺畅地表达出来,让倾听者听得明白、清楚。

2. 故事表征

在自主游戏结束后,幼儿通常会以绘画表征的方式来记录当日的游戏过程。内容一般有"我今天在游戏中使用了哪些材料""遇到了什么问题""遇到的问题我是如何解决的""在游戏中我有什么新发现和新经验"等。教师要为幼儿创设自由、宽松的表征氛围,给予幼儿充足的时间与空间,相信幼儿、尊重幼儿,放手让幼儿自主尝试绘画。表征时,教师专注观察,对个别有困难的幼儿给予指导。表征后,师幼间进行"一对一"倾听,教师用文字记录幼儿对游戏的解读,将幼儿的口语转化为书面语言,为幼儿后续的游戏故事分享做充足的准备。

3. 故事分享

在幼儿分享游戏故事的过程中,教师应集中精神调动多种感官及时给予幼儿支持,使故事分享顺利,激发幼儿大胆表达的热情。

小杜:我搭建的是长沙火车站,火车站上面是三角形的顶,正面有个大钟表,给人们看时间的。这个火车站很大,里边可以进很多人。我就是从长沙火车站坐火车回大连的。

游戏故事是幼儿创作的,但由于画面无法完全表达幼儿想表达的内容,除了图画、符号外,他们还会用一些语言补充,这就需要教师认真倾听,理解他们的游戏行为和想法。幼儿画的游戏故事就好比是一本书,其中呈现的符号、色彩、线条都是他们内心对这个世界的真实情感流露,也是对自己所获经验的构建,教师应认真去看游戏故事,挖掘其中灵光乍现的精彩之处。教师还应组织幼儿认真"读"自己的游戏故事和

同伴的游戏故事，激发幼儿"读"的兴趣，让其与同伴在交流中相互学习、相互促进。

4. 布置故事墙

教师可将幼儿的表征装订成册，布置成游戏故事墙。这些游戏故事来自幼儿，符合他们的年龄特点，因此足够吸引其目光。路过的幼儿经常会自发聚在一起讨论故事内容，他们或一猜一答，或自言自语，在提高语言理解和运用能力的同时也发展了交往能力。

二、指导建议

1. 在幼儿游戏过程中，教师要注意观察幼儿的语言和行为，及时鼓励并和幼儿共同参与。当游戏中出现分歧时，教师可以介入，引导幼儿倾听、表达，用和谐的方式处理矛盾冲突。

2. 尊重幼儿游戏故事绘制的自主性，鼓励幼儿边画边说。

3. 分享时，鼓励幼儿回顾游戏过程，用简洁明了、规范标准的语言进行讲述。在分享交流中发挥榜样示范作用，培养幼儿良好的语言习惯。

4. 当幼儿表述不够清晰时，教师应及时鼓励并提醒其不要着急、慢慢说，同时要耐心倾听，给予必要的补充，帮助幼儿理清思路。

三、注意事项

1. 除了幼儿自主阅读故事墙，教师还可以利用散步时间，有意带领幼儿观摩故事墙，欣赏他人的游戏故事，学习评价他人的作品，学会发现并赞美他人作品的优秀之处。

2. 故事墙上的游戏故事应常换常新，不断吸引幼儿的目光，满足幼儿的期待。

自制图书

自制图书不仅能丰富幼儿的读、写经验，还能使其在讲述自己制作的图书的过程中，提升听、说能力。可以说，自制图书是幼儿运用绘画的方式进行的初步书面表达，能够收到绘画与语言、阅读与书写巧妙融合的成效。

一、组织策略

制作图书是幼儿喜欢的一项动手活动，为了保证幼儿自制图书的品质，教师可以根据幼儿的个体能力差异，帮助其确定自制图书的内容，并为其提供充足的材料，指导他们采用适宜的方法完成制作。

1. 确定制作内容

原有的故事。阅读绘本或故事后可以请幼儿说一说，"你发现了故事中哪些有趣的地方？"或"这个故事讲了一件什么事？"请幼儿画下来制成小书。也可以让幼儿画出自己读过的故事中的人物、动物等形象，剪下来粘贴在纸上，然后在纸上添画情境重现故事，还可以添画其他内容，让自制图书内容更加丰富。

续编的故事。请幼儿说一说"你觉得接下来会发生什么事情？"引导幼儿画出富有想象力的画面，并制作成图书。例如在绘本《小蛇要走了》的续编活动中，教师提出问题："小蛇离开以后去了哪儿？""看到了什么？""遇到了谁？""做了什么？""带回了什么？"……引导幼儿想象，帮助幼儿理清思路，为较复杂的口头叙述搭建支架。

创编的故事。结合幼儿的兴趣与能力，引导幼儿开展创编故事的活动。例如，读完绘本《金发女孩》之后，教师可引导幼儿创编故事情节，形成《金发女孩新传》。

一天，金发女孩到森林里玩，然后她发现了一座小房子。

金发女孩敲敲门问："有人吗？我可以进去吗？"熊爸爸说："可以，请进！"金发女孩就来到三只熊家做客了。

金发女孩和熊宝宝一起做游戏,还去野餐,非常开心。

很晚了,金发女孩有礼貌地离开了三只熊的家,她说:"拜拜!"

问题探索。自主游戏后幼儿把游戏过程中遇到了哪些问题及问题是怎样解决的,画下来并制作成图书。

回忆有趣的游戏情节。游戏后将游戏过程中发生的事情画下来,如,"和谁一起玩了?""玩了什么?""遇到了哪些开心的事情?"再将这些情节画面制作成图书。

主题活动。幼儿园的主题活动是在幼儿主动学习和不断观察、探索的过程中进行的,其中很多精彩的探索过程值得用绘画的方式记录下来。例如在主题活动"我要上小学了"中,幼儿对小学很感兴趣,可以引导其创作和设计图书《我心中的小学》。兴趣是最好的老师,幼儿对生活中所见、所接触的事情都有自己的理解和想象,这些都可以通过教师的引导成为自制图书的主题。

2. 准备制作图书的材料

准备纸,包括各种大小不同的彩纸、卡纸、白纸、硬纸板;准备笔,包括彩笔、蜡笔、勾线笔;准备工具,有剪刀、活页扣、胶带、双面胶、订书器、尺子、燕尾夹、打孔器等;还有其他物品,如泡沫丝带、即时贴、各种废旧物品(如太空棉,旧布)等;最后还要准备步骤图,即自制小图书的完整步骤图。

3. 指导制作图书的方法

画面制作。引导幼儿采用多种材料和多元的表现形式来绘制图书画面,可采用绘画、照片剪贴、剪纸粘贴、拓印画、布料粘贴等方式呈现。材料可以撕、粘贴、剪、折、染等,多样的表现手法能让幼儿的自制图书精彩纷呈。

文字设计。自制图书的文字应体现幼儿的语言特点,教师可以在幼儿反复叙述、文本内容基本成形的基础上,帮助幼儿书写。有能力的幼儿可以尝试自己书写。

封面。鼓励幼儿为自己的图书设计封面、书名,如指导幼儿制作口袋书、折叠书、盒子书、动物外形书等;也可以在最后图书制作完成阶段,引导幼儿围绕图书的主题来设计封面。

装订。图书可以选择用装订器装订成册,也可以先打孔,再用活页扣进行装订,能力弱的幼儿可以选择用胶带、双面胶粘贴。

二、指导建议

1. 自制图书活动的开展离不开教师的积极参与，在安静、温馨的氛围里，教师与幼儿一起画、剪、贴、读，在故事中快乐地共享，也加深了教师对幼儿兴趣的了解。

2. 当幼儿对自己制作的图书表述不清楚时，教师可以帮助幼儿理顺，用简单、清晰的文字表述出来。

3. 图画书制作完成后，教师可以让幼儿到前面为大家展示、分享，也可以投放到阅读区供幼儿阅读。教师可以把幼儿讲述图书的视频或者音频制作成二维码，粘贴在图书的后面，供大家欣赏，并激励幼儿继续创作。

三、注意事项

在自制图书的过程中，教师应鼓励幼儿选择不同的材料，丰富幼儿的感官体验，引导幼儿借鉴不同的形式，制作出有层次、有个性、有创意、有互动性的图画书。

 ## 播报活动

开展"我做小小播报员"活动，既群体性培养了幼儿专心听的能力，也为个体发展提供了充分展示和锻炼的平台。幼儿在播报的过程中可以表达自己的所见所闻、所想所感，逐步学会用规范的语言进行表达，掌握播报方法，体验成功播报的喜悦并增强自信。幼儿园的播报活动有很多，播报类型也各有不同，有热点课程播报、新闻播报、餐点播报、气象播报等。播报时间可以安排在一日生活的晨间、餐点、散步、晚离园等环节，也可以录成小视频在这些时间段放给幼儿看。播报的形式可以是独立播报也可以是合作播报。

◆ **热点课程播报**

课程播报，一般跟幼儿园的园本课程和班本课程相关，主要围绕幼儿学习生活中感兴趣的、熟悉的、最想表达自我意愿的话题和活动进行播报，包括近期幼儿喜欢的图书、与绘本有关的情景小制作、手工小作品、联想和创编的小故事等，一般在幼儿园的公共场所，如大厅、课程展示室等区域进行。

一、组织策略

1. 确定播报活动内容

由季节变化引发的课程内容。很多城市四季分明，各个季节景色不同，季节的变化就可以作为热点内容之一。例如秋天到了，很多树叶都变黄了，农作物也成熟了，幼儿喜欢收集秋天的各种物品，如狗尾草、树枝、野菊花、玉米、玉米秆、南瓜、山楂等；冬天下雪了，幼儿玩雪、探究雪花的形成原因，制作小冰花……在这些过程中会产生相应的班本课程，这些都可以作为播报的内容。

由绘本故事引发的课程内容。在故事教学活动中，幼儿对故事的理解，以及由故事生成的手工制作或创编故事制作的小图书都可以作为播报内容。教师可鼓励幼儿自主布置一个展台进行介绍，或介绍近期小朋友们都特别喜欢的热点故事。

由特色活动引发的课程内容。每个幼儿园平日都会定期举办一些大型活动，如足球节、运动会、迎新年活动等，幼儿可以自主制订计划、设计方案并参与其中，在这个过程中产生的很多想法和话题，都可以作为播报的内容。

由国内外重要事件引发的课程内容。例如2023年秋季，我国成功举办了第19届杭州亚运会这一重要的国际体育赛事，幼儿在教师的支持引导下，生成了一系列关于运动会的探究课程，如"我喜欢的运动项目""我设计的吉祥物""亚运会的比赛项目"等。随着课程的开展会产生多种形式的手工制作或绘画作品，幼儿用它们布置小展台，进行播报。

2.确定播报活动基本准备

搭建播报支架。帮助幼儿明确叙事四要素，即讲清楚事情发生的时间、地点、人物、事件，围绕同一主题，制订这一主题下的播报计划，便于播报时回忆，理清主题相关事件。教师引导、帮助幼儿尝试进行前书写记录，幼儿对自己在班本课程中印象比较深刻的事情进行详细描述，可以让播报更加生动、有趣。鼓励幼儿采用自己看得懂的方式书写记录，以教师引导为辅，帮助幼儿学会对细节的记录。

了解播报仪态。为了让幼儿充分感知播报与日常谈话的不同，深入了解播报的礼仪，可组织幼儿观看专业新闻播报视频，和他们一起探讨播报礼仪。如：播报时身体面对观众不能乱动、面带微笑、使用礼貌用语（如"观众朋友们，早上好"等）、声音响亮、吐字清楚，并适当配以辅助动作，为正式播报打下基础。

增设道具，模拟情境。可准备实物话筒、自己设计的记者证等道具，引导幼儿通过拍照、采访等收集真实的课程信息。

二、指导建议

1. 播报人员可以由幼儿自主报名，也可以班级推荐，还可以通过开展竞聘小主播的活动形式，选出园级播报员。

2. 请参与播报的班级幼儿自主设计制作宣传海报，放在大厅门口，写清本周播报的内容、时间，如图所示。

3. 教师可将幼儿播报的内容录制下来，制作成二维码放置在家园联系墙上，供幼儿及家长扫码聆听，这样还能很好地提升家园共育的效果。

三、注意事项

教师要对课程播报的内容及呈现效果进行把关，通过视听激发幼儿参与课程的热情，调动幼儿自主探究、自主学习的积极性，不断生成有价值的课程。

◆ 新闻播报

新闻播报是指教师鼓励幼儿抓住每天发生在身边的一些有趣或有意义的事，包括发生在幼儿园中、家里、社会上的热点事件，以及国家、世界发生的重要事件加以播报。

一、组织策略

1. 确定播报活动内容

园所新闻事件。如"幼儿园大四班××小朋友和大一班××小朋友最近参加大连市第八届'英特尔'杯苗与林环保主题演讲大赛分别获一等奖和二等奖,他们是咱们××幼儿园的骄傲。"再如"本月幼儿园的课程广场又更换了一些新作品,欢迎大家预约收听,去大厅听热点课程小主播播报解说。"

社会热点事件。如"2023年5月15日,辽宁男篮成功卫冕男子篮球职业联赛(CBA)总冠军。"

国家大事。如"2023年5月30日神舟十六号载人飞船与神舟十五号载人飞船在空间站再次顺利对接,6名航天员在中国人自己的'太空家园'拍下全家福,将共同在空间站工作、生活约5天时间。"

2. 确定播报活动基本准备

幼儿将自己观察发现或听大人讲述的近期发生在身边或媒体报道的热点事件、国家及世界大事等进行整理,组织语言练习表达。为把事件介绍得更清楚、直观,可提前准备与事件相关的图片或视频等加以辅助。

二、指导建议

1. 播报地点可设置在班级的语言区角、班级活动室和园所小广播站、小电视台等。

2. 播报受众人群可以是进语言区的六七个小朋友,也可以是班级所有小朋友,还可以是全园小朋友。

3. 班级播报不安排固定时间,可视实际情况而定。一般语言区播报是利用每天的区域活动时间进行;班级集体播报是在一日生活中教师随机抽出3~5分钟时间让有准备的小朋友播报,不必每天都进行;全园统一播报时间也视园所整体工作情况灵活安排,例如周一升旗赶上雨雪天气或雾霾天不能如期举行,有录播系统的幼儿园可以利用这个时间组织全园开展新闻播报活动,将各班派出的小播报员集中在小电视台或广播站,以一周早间新闻形式开启播报活动。

4. 区角新闻小播报员可以采取自荐的形式,班级小播报员可以让幼儿轮流担任(轮到的幼儿由教师提醒并提前做好准备),园级的小播报员一般以推选的方式产生。

三、注意事项

幼儿须知道新闻具有真实性和准确性,不能大概、差不多,更不能是道听途说的消息,必须是真实发生的事件。新闻还具有时效性,是近期发生的事,否则就不是新闻。

◆ **餐点播报**

餐点播报是一项看似简单却蕴含着学问和妙趣的工作，餐点小主播不能简单定位成一个普通的报菜员角色，有的播报员可以称得上是一个小小营养师了。

一、组织策略

1.确定播报活动内容

餐点播报的内容很丰富，除了播报当日食谱，也可以介绍菜品所含有的营养成分，并提出合理化饮食建议。如介绍食物的营养价值后，提醒大家不要偏食等。

2.确定播报活动基本准备

教师每周五将下周的食谱在班级张贴公布并发布在家长微信群中，周末幼儿可以在班级群里通过接龙自主报名，并说清楚自己要介绍哪一顿餐饮。教师也可以按照幼儿的学号进行排序播报。一般建议让幼儿自主报名，因为餐点播报相对有难度，任务重，要尊重幼儿自己的兴趣选择。

鼓励家长支持幼儿领取任务，帮助幼儿了解所要播报的菜谱中的食材，以及其中所含有的营养成分对身体成长与发育的重要价值。

幼儿可以准备图片或简短的小视频等辅助播报，帮助大家理解和认识某种食材的特征、营养价值以及菜农的辛勤付出等。

二、指导建议

1.幼儿播报的形式不拘一格，可以直白介绍，也可以将食物编成儿歌、顺口溜、谜语等来播报，这样不仅能提高播报幼儿的口语表达能力，激发幼儿听的兴致，还能营造幼儿想吃、喜欢吃的心理氛围，为愉悦进餐打下基础。

2.餐点播报要提前一周做准备，虽然遵循幼儿自愿的原则，但要尽可能让更多的幼儿获得锻炼的机会。

3.因为幼儿的语言发展水平不同，表达的效果也会有所不同。教师不必要求幼儿达到什么程度或必须完成哪些播报内容，只要幼儿乐于表达、勇于表达，与自身相比有所突破就给予鼓励，激发幼儿表达的热情。

三、注意事项

为了让幼儿在播报活动时表达丰富，要在日常活动中坚持指导幼儿阅读，积累词汇。还可以为表达能力较弱的幼儿提供播报的基本语言范式，如："大家好，我是今天的播报员×××。我为大家播报今日的×餐，……谢谢大家！"

◆气象播报

气象播报不仅可以帮助幼儿了解气象常识,养成根据天气情况做好上学和外出准备的习惯,还能帮助幼儿准确地运用气象术语复述天气预报情况,提高幼儿在集体中大胆表达的能力。

一、组织策略

1. 确定播报活动内容

气象播报要播报当天的天气与温度,准备比较充分的幼儿通常播报的内容比较丰富,会介绍自己的姓名、日期、穿衣指数、是否适合室外活动等信息,还会提醒同伴根据天气情况做好个人防护,如下雨天要带伞,根据温度及时增减衣物;遇到重要的节气,也会给予播报,提醒同伴观察因节气变化而产生的生活变化。

2. 确定播报活动基本准备

小主播们在播报前应提前带着任务收看或收听第二天的天气预报信息。

建议家长重视幼儿的播报任务,协助做好准备工作,如陪伴幼儿共同收听与收看天气预报,与幼儿一起收集与天气相关的信息,协助幼儿制作图夹文播报卡,辅助幼儿顺利完成播报任务。幼儿也可以直接模仿气象员练习播报,家长作为听众及时给予幼儿支持与肯定。

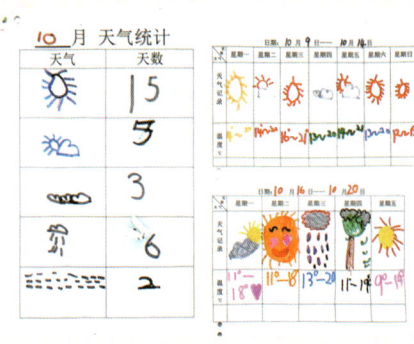

二、指导建议

1. 各班小播报员的人选可根据班级实际情况确定,中、大班小播报员可以由当天的值日生兼任,小班可以根据幼儿语言发展水平,先让语言发展能力较强的幼儿进行播报。

2. 播报过程中关注个体差异,注重及时鼓励。对于表达流畅、播报内容丰富的幼儿要给予大力表扬;对于只播报了天气情况,没有表达其他内容的幼儿也给予适当肯定,不以"一刀切"的标准要求和评判幼儿。

3. 教师可以利用每天点名后或早餐前时间请当天的播报员来播报当日天气情况。

三、注意事项

播报时教师要引导幼儿认真倾听,这也是对播报员的尊重。可以引导幼儿进行评价,从播报的流畅度、清晰度、完整性等方面自评或请同伴互评,以此鼓励全体幼儿不断提高播报水平,进一步提升幼儿口语表达能力。

国旗下讲话

"国旗下讲话"是幼儿园每周升旗仪式中的一项重要内容,是面向幼儿园全体师幼进行的有教育目的的讲话,是一种特殊的演讲。它立足于幼儿的整体素质和身心的和谐发展,是幼儿园德育工作的一个特殊载体,是传统美德和节日文化教育的良好时机,也是发展幼儿语言能力的重要平台。

一、组织策略

"国旗下讲话"的组织形式是丰富多样的,每个班级应抓住这个机会做好充分准备,既要展示出班级幼儿的风貌,又要尽可能地锻炼口语表达能力,使幼儿得到良好的启蒙教育。

1. 对话式。让台上讲话的幼儿与参与升旗仪式的幼儿进行互动。升旗台上的幼儿在讲话时,有目的地抛出一些问题,让台下参加升旗仪式的幼儿抢答,达到上下呼应、共鸣的效果。

2. 表演式。如在"五一"劳动节开展"国旗下讲话"时,幼儿表演了一场短小精悍的童话剧《小威利做家务》,表演结束后,台上的表演者一起演唱歌曲《劳动最光荣》。通过表演,引导幼儿养成爱劳动的好习惯。同时,脍炙人口的旋律和朗朗上口的歌词又给他们带来心灵的愉悦,使幼儿对歌词的理解更容易、更深刻。

3. 演讲式。有很多适合"国旗下讲话"的主题,如宣传爱国、环保,歌颂母爱,倡导读书等,可以通过自荐和推荐的方式,鼓励幼儿尽情进行自我展示。

4. 吟诵式。适逢传统节日(如清明节、中秋节)前后的升旗仪式,有的班级常常会介绍节日的习俗或典故,并吟诵与节日相关的古诗或儿歌,加深大家对传统文化的了解和记忆。

二、指导建议

"国旗下讲话"的内容应浅显、生动、有趣味，不脱离幼儿的生活，符合幼儿认知，具有一定的时代性，是幼儿真正感兴趣的主题。

1. 结合时事新闻。例如结合"世界环境日"聚焦的主题对幼儿进行环境保护教育，结合神舟飞船在太空成功"会师"的壮举激发幼儿的爱国情怀及对飞天梦的向往等。

2. 结合园内活动。如"六一"儿童节前夕，介绍自己的"六一"计划；"六一"儿童节后，讲一讲自己的体会和收获；大班毕业前，说一说对小学生活的憧憬；还可以说一说幼儿园里的种植活动。

3. 结合节日、节气。如3月5日是学雷锋纪念日，让幼儿讲讲自己知道的雷锋叔叔的故事，讲讲自己帮助别人的事；又如立春节气到了，了解立春节气的意义，吟诵关于春天的古诗。

4. 结合养成教育。活动中可以引导幼儿集体吟诵关于好习惯的儿歌，鼓励幼儿养成好习惯；可以创设情境让幼儿说说自己的好习惯，激励幼儿自我认知、自我改进。

5. 关注个体差异。多鼓励不愿意讲话的幼儿，给更多幼儿创造表达的机会。能力强的幼儿可以进行个体展示，能力稍微弱一些的幼儿可以进行合作展示或群体展示，鼓励每个幼儿都参与其中。

三、注意事项

1. "国旗下讲话"从内容到形式应杜绝枯燥乏味，生硬喊口号，讲大道理。不能死记硬背，要巧妙地将道理蕴含在浅显易懂的故事、诗歌、童话、歌曲中，采用幼儿容易接受的方式加以渗透与濡染。

2. 活动的时长应适宜，不宜让幼儿长时间站立和听得过久，否则容易产生疲劳，导致注意力分散。

小小记事本

前书写能力是幼儿语言发展的重要内容之一，是幼儿获得书面语言能力的奠基阶段。开展"小小记事本"活动，既能培养幼儿良好的书写姿势、书写习惯，激发幼儿对前书写的兴趣，也会使幼儿在这个过程中通过表达信息、传递信息，与同伴和成人交流分享想法、情感和经验，提升复述、表达、表征等能力。

一、组织策略

幼儿的书写活动只有和个人需要联系起来，并且幼儿具有交流和表达的意愿的时候，幼儿才会对此活动感兴趣，才会自然而然地进行书写活动。不同年龄段的组织策略应有所侧重。

1. 积极鼓励小班幼儿在游戏后进行表征，用图画和线条传递感受。等幼儿画完后，

教师一对一询问幼儿"这是什么？你在玩什么？是怎么玩的？发生了什么？"鼓励幼儿回忆游戏过程，描述出来并进行记录。

2. 中班幼儿已有初步的与纸笔互动的"书写"经验。除了记录游戏故事外，还可以鼓励幼儿用图画和符号，记录自己在照顾和观察动植物、阅读绘本、操作实验以及参加集体活动、区域活动、自主游戏时的想法、探究过程、内心情绪或感受，体会用写画的方式表达自己的想法和感情。

3. 大班幼儿已积累了丰富的前书写经验，为培养幼儿具有一定的任务意识，逐步摆脱对成人的依赖，可开展"小小记事本"活动。内容可以包括时间、天气、事件的序号、需要完成的任务、需要准备的物品等。具体实施方法如下：

每个幼儿准备一个大小适宜的小本子，鼓励幼儿在上面书写自己的名字、自主设计封面。

在离园活动中，教师和幼儿一起讨论今天在幼儿园的一日活动，询问幼儿："我们今天回家都有哪些任务要完成，明天要带哪些东西？"帮助幼儿树立任务意识。

教师在布置任务时，引导幼儿先写清当日日期、星期几、天气，帮助幼儿养成关注时间和天气的习惯。

从简单的一个任务开始布置，逐渐过渡到两个、三个任务，从浅到深，从易到难。

请家长给予评价，幼儿第二天带回自己的记事本，和小伙伴说一说任务完成得怎么样，教师的评价以鼓励为主，以提高幼儿完成任务的积极性。

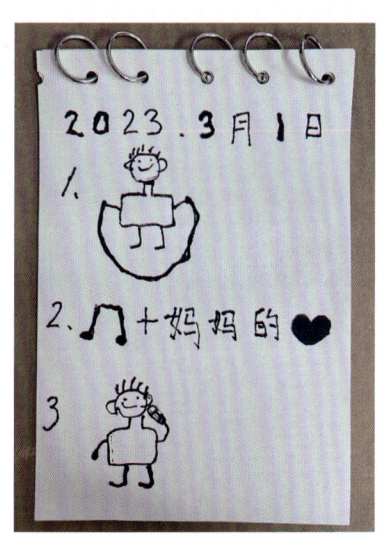

2023年3月1日的小任务：
1. 回家练习跳绳
2. 配乐练唱歌曲《妈妈的爱》
3. 练习"三八妇女节"主题升旗仪式的主持词

二、指导建议

1. 鼓励幼儿记录时使用各种图标、文字符号，用自己喜欢的方式记录。

2. 幼儿写画时，引导其养成良好的坐姿，会用正确的握笔姿势写画，做到"三个一"（头离桌面一尺远，胸离桌面一拳远，手离铅笔一寸远）的好习惯。

3. 引导幼儿按从上至下、从左至右的顺序书写。

4. 经常组织开展对幼儿的记事本的观摩和展示活动，让幼儿获得成就感和满足感。

5. 建议大班幼儿通过使用记事本来培养任务意识，回家将布置的任务完成后，家长可以在任务后面画"√"以示完成，或做出其他相应评价。

三、注意事项

学前期的书写有别于进入小学后的规范书写，不应强调书写整齐、正式，重在保护幼儿的前书写兴趣，要运用丰富的材料和有趣的活动形式来培养幼儿的书写兴趣。

妙语讲书

日常生活中，幼儿园或班级可以创设各种平台激发幼儿对阅读与表达的热情，形成系列式的"讲书汇"活动。

一、组织策略

1. 开展"我是小小朗读者"活动。可以以多种形式呈现，如使用软件进行模仿、配音，录制好故事等。

2. 开展"诗歌大会"活动。以视频讲解、录音讲解、说唱等方式进行古诗吟诵、诗歌配乐演唱等。

3. 开展"故事大王"活动。教师请幼儿在班级内自主报名讲故事，推选出班级故事能手进行园内巡讲，由听众评选出他们心中的故事大王，激发幼儿讲故事的愿望。

4. 开展"创编达人"讲述活动。可以看实物讲述故事，如随便拿出3张卡片，让幼儿根据卡片内容进行讲述（卡片的数量和内容可以根据幼儿的能力、年龄特点选择）。也可以构图讲述故事，使用教师提供的材料或者幼儿自己收集的构图材料，让幼儿自由创作，制作各种图画，并根据自己的画面进行故事讲述。还可以听声音讲述故事，把各种不同的声音录好，让幼儿盲选，根据自己对声音的理解和感受，进行故事的创编。

二、指导建议

1. 讲书的内容应丰富而多样，避免单一。如以4月23日"世界阅读日"为契机发起各种形式的讲书活动；在"世界地球日"前后引导幼儿阅读大量有关环境保护的书籍并讲述相关内容；抓住各种节日和节气促使幼儿了解传统文化，讲述有关节日和节气的习俗、故事；根据季节的变换，品味诗人如何用短小隽永的诗句描述四季风光；结合某一主题开展讲书活动，如由"好习惯成就大未来"主题掀起阅读和了解伟人、名人从小养成好习惯的故事等。

2. 通过升旗仪式上的"国旗下讲话"、园所新闻播报、扫码视听等多种方式给予支持，激励幼儿参与讲书的积极性。

三、注意事项

开展的各种活动，尤其是评价式的活动，不能以结果为出发点，而应重视评价过程。关注评价的方式和方法，尤其关注幼儿的兴趣、参与度以及学习与发展的情况。

好书伴我行

幼儿阅读兴趣和阅读习惯的养成是一个长期的过程。只有家园具有协同一致的理念和行动，才能更好地助力幼儿语言的学习与发展。

一、组织策略

除了幼儿园里应创设无所不在的语言教育环境之外，家长也应在家里积极营造读、听、说、做、演的氛围，家园携手通过多种途径让幼儿爱上阅读与表达。

1. 好书推荐

请家长和幼儿一同构思谋划图书推荐的多种形式。如：绘制海报、录制视频、分享经典故事、列举排行榜单、推荐网络热门绘本等，采用线上、线下途径共同与大家进行好书分享。

2. 图书置换

发挥幼儿家里闲置图书的价值。可以在小区内也可以在幼儿园举办跳蚤市场活动，让幼儿学会分享和爱护图书。幼儿通过和同伴沟通交流，介绍自己的好书，同时换取心仪的图书。幼儿之间可以合作装饰自己的图书摊位，尽情吆喝招揽客人，尽可能去表达自己换书的意愿，在换书的同时也锻炼了语言表达能力。

3. 布置温馨阅读角

教师和家长可以引导大班幼儿制订阅读计划，并在家中布置温馨、舒适的阅读环境——"小小书房秀"。中班幼儿学习整理自己的图书，学会分类摆放。小班幼儿可以与家长一起布置读书角，进行亲子阅读。

4. 图书馆阅读体验

鼓励家长利用周末时间带幼儿到图书馆打卡，感受读书的氛围，了解图书馆的规则和图书借阅的步骤，丰富幼儿的生活经验，更好地帮助幼儿养成良好的阅读习惯。

二、指导建议

1. 激励家长主动创设各种情境，为幼儿提供支持，激发幼儿的阅读和表达热情，和幼儿园一同成为促进幼儿语言能力发展的践行者和同盟军。

2. 幼儿园适时对家长进行敦促和提醒，定期开展"行动在线"展示、"书香家庭"评选、经验分享等活动。

三、注意事项

家长是幼儿最好的引领者、示范者和陪伴者。幼儿园应不断引领家长提升理念，使家长认识到要让幼儿养成热爱阅读的好习惯，家长应率先垂范，拿起图书，放下手机。

亲子阅读

亲子阅读即亲子共读，书为媒，阅读为纽带，是幼儿与家长共同阅读的过程。

一、组织策略

亲子阅读，顾名思义，即家长陪伴幼儿一起读书。但高质量的亲子阅读不是简单的共读一书即可，作为家长，要做幼儿成长路上的有心人和智慧者，努力采用不同的策略陪伴幼儿阅读，助力幼儿良好阅读习惯的养成。

1. 营造良好的阅读氛围

教师经常发现有的幼儿在幼儿园比较喜欢阅读，但在家里却不是这样。也有不少家长在家里长时间摆弄电子产品，却要求幼儿去看书，久而久之，

没有阅读氛围，幼儿难以静心阅读。所以，家长要以身作则，在家里减少操作电子产品，与幼儿共同创设阅读的氛围。如多处安放高矮适中、随手可以够得着的小书架；在光线充足的地方设置安静的读书棚，为幼儿打造安静的读书空间等。

2. 安排固定的阅读时间

坚持对于阅读习惯的养成非常关键。家长可以与幼儿共同选择一个相对固定的时间段进行亲子阅读，如晚饭后、睡觉前等。时间的长短可根据幼儿的年龄段来定，或根据当天的兴趣、状态及时间来定。长此以往，亲子阅读就会成为幼儿的一种期待，成为家长的一种习惯，阅读行为也会逐渐从被动向主动发展。

3. 灵活运用多种阅读方式

每个年龄段的幼儿都有不同的发展特点，幼儿之间存在着个体差异，所以家长不要固定亲子阅读的方式。同时，家长要尽可能鼓励幼儿进行语言表达，即便是年龄较小的幼儿。家长在倾听了幼儿的表达后也可问一些相关的小问题，鼓励幼儿回答，要

避免一味地高控。

4. 适当引导幼儿对文字符号感兴趣

随着幼儿年龄的增长，家长可引导幼儿关注说明图画的文字，慢慢让幼儿对文字符号感兴趣，知道文字的作用。尤其到幼儿文字敏感期时，幼儿会较轻松地认识文字，从而向独立阅读发展。

5. 选择合适的图书

要根据幼儿的年龄选书。小一点的幼儿，家长可以帮助其选择画面大、色彩鲜明、文字少的图书，类型可以多样；大一点的幼儿，可多选择故事类的绘本图书，内容涉及多个领域，同时有一定文字量，有助于幼儿开阔视野。还要根据幼儿某一阶段的兴趣进行选择，如选择科普类还是历史类的图书等，这需要家长与幼儿交流，及时捕捉其兴趣点。

6. 巧用问题查找法

生活中，家长要善于捕捉幼儿的好奇心，或者提出一些问题，然后与幼儿一起从图书中查找答案，让幼儿感受图书的作用，激发阅读兴趣。

二、指导建议

亲子阅读的方式不应只采用父母讲、幼儿听这种单一方式，应采用灵活多样的方式提高幼儿的阅读热情。

1. 你读我听。这种方式分两种情况，一是父母读，幼儿听。对于小一点的幼儿来说，他们的自主阅读能力还不足，这个阶段父母读整本书的时候较多，幼儿边看图书边听。二是幼儿读，父母听。这种方式大一点的幼儿用得比较多，当幼儿对图书的内容很熟悉了，可以多鼓励幼儿来读。

2. 你我共读。这种方式能很好地培养幼儿的专注力，因为幼儿需要保持高度的注意力，父母随时可以请幼儿接着讲。或者采用讨论式阅读，也很锻炼幼儿的理解能力。

3. 角色阅读。该方式适合阅读角色语言多的图书，在幼儿对图书内容有了初步的理解和熟悉后，亲子之间就可以选择角色扮演进行阅读。这种方式趣味性比较强，各年龄段幼儿都喜欢。在阅读时，家长尽可能使用不同的语音语调来表达出自己所扮演的角色的特点，这样有助于幼儿感受不同语音语调所表达的不同意思，同时也感受不同角色的特点。

三、注意事项

无论是到书店购书还是到图书馆借阅，家长应有意让幼儿多驻留一段时间，引导其自由选择、购买，这样幼儿对图书的认识会更加深入，对自我的认识也会增强。

巧手绘书趣

在家庭中，家长与幼儿一同参与阅读后的创作，为幼儿创造浓厚的家庭书香氛围，往往能激发幼儿从小养成对书的热爱之情。

一、组织策略

在家中，家长可以有意识地引导幼儿开展创作活动，将幼儿已经习得的写与画、编与做等综合能力进行巩固延伸。

1. 创作故事集

家长可以与幼儿共同制作一本图书，也可以各自创作属于自己的图书，并设计图书封面，还可以创编身边故事、续编感兴趣的故事。制作完成后，让幼儿先在家庭成员中分享，讲述自己的创作意图，讲解情节构思，画面的色彩搭配等，培养幼儿创作的萌芽。

2. 为诗歌配画

为诗词、儿歌配画，可通过绘画、捏黏土、画水墨画、制作小手工等丰富的方式表达诗词、儿歌意境。家长在家里也可以为幼儿布置一个展览角，将幼儿的作品拍成小视频分享在班级微信群里，还可以发布到短视频平台，激励幼儿的创作热情，培养幼儿的自信心。

3. 制作道具

利用黏土、废旧材料、陶泥、纸筒等多种材料制作绘本中的服装、幕布、小场景、人物，也可以制作故事表演的服装、头饰、道具、背景、舞台等。家长还可以与幼儿戴上自制的手偶进行对话、表演等。

4. 自制书签、明信片

幼儿选择自己喜欢的材料，如卡纸、彩纸、树叶、塑料纸等制作书签和明信片，将其作为礼物送给亲人、朋友或老师。

5. 修补小图书

利用各种工具对损坏的图书进行修补。

6. 巧用废旧图书

可以将损坏严重的书的页码打乱重新组合成新的故事书，也可以将书中的故事形象剪下来做成指偶，还可以利用故事中的人物创编新的故事内容等。

二、指导建议

对于幼儿的作品，家长不仅应及时给予鼓励，还应该创设机会加以利用，让幼儿体会到创作的价值。如家中成员读书时都使用幼儿制作的书签，幼儿创作的故事集可以给其他家庭成员欣赏，还可以鼓励幼儿将故事集带到幼儿园推荐给同伴阅读等。

三、注意事项

家长要尊重和珍视幼儿的兴趣和行为，尽可能参与其中，一同认真制作。重视幼儿的成果，不应因为做得幼稚或拙劣而随意丢弃，努力保护幼儿的绘制兴趣和热情。

 ## 宝藏手账

手账是近些年新兴的一种记事形式，它以图文的方式记录自己的日常生活，是很多青少年，乃至幼儿比较喜爱的表达形式。

一、组织策略

幼儿园可以以此作为家园共育的契合点，鼓励幼儿开展多种形式的手账活动。家长可以引导幼儿将生活中的点滴，如阅读后的感想、学会的本领等，用简单的图文形式表达出来，再搭配可爱的童趣贴纸装饰，形成喜欢的手账，让手账成为幼儿成长的好伙伴。

1. 阅读手账

亲子共读时，遇到感人的、喜悦的、印象深刻的画面，或是收获的道理，就将它们用自己喜爱的方式记录下来，这就是阅读手账。这样既能培养幼儿的动手能力，又能培养阅读理解能力。记录下各自的心得体会，让家长了解幼儿所想，让幼儿明白家长的智慧，进而养成爱阅读、喜探讨、趣分享的习惯。

2. 本领手账

手账也可以简单记录幼儿的成长事件。如第一次拉拉链、第一次跳绳等，这些日常小事中包含着幼儿的努力与家长的付出。把幼儿的感受和家长的回应共同记入手账之中，使幼儿的想法有输出，家长的引导有记录，无形中对幼儿的前书写也有了潜移默化的影响，让亲子互动多了份珍贵的回忆。

我在家帮妈妈洗碗、扫地，我真开心。

3. 游戏手账

游戏是幼儿主要的学习方式，家长可以通过和幼儿建立游戏手账的方式，了解幼儿在幼儿园中的游戏情况。教师也可以通过游戏手账了解幼儿在家中的游戏情况。游戏手账内容可以是与伙伴的游戏过程，可以是共同制定的游戏规则，也可以是与爸爸妈妈出游的记录等。它不仅能激发幼儿主动分享的欲望，还会增强亲子互动的情感，发展幼儿分享表达的能力。

4. 爱好手账

将幼儿或家长的爱好记录其中，不断总结归纳经验，培养幼儿的兴趣。如喜欢跳舞的幼儿可以记录自己跳了哪些动作，每当自己有新的提升时可以用手账本记录下来。用手账的方式记录下自己的进步与成长，通过日常的点滴积累，引领幼儿打开新世界的大门。

二、指导建议

1. 记录成长是一件美好的事情，用手账记录是一种非常好的记录习惯。在幼儿这种宝贵习惯养成的前期更多依靠家长的助力，家长首先要做生活中的有心人，还要有足够的耐心和恒心去引导和教育，启发幼儿捕捉生活中的美好事物，体验成长，感悟生活。

2. 家长帮助幼儿保存的各种手账，可以经常拿出来，亲子共同回顾欣赏手账上的各种记录。

三、注意事项

手账本不宜过大，最好便于随身携带，可以随时随地拿出来翻看。

园长妈妈信箱

"园长妈妈信箱"活动，是为幼儿提供一个独特的表达心愿的机会，拉近园长与儿童的距离，有利于园长走进幼儿的世界，了解幼儿的心声，发现幼儿的需要，成就幼儿的发展。

一、组织策略

1. 设立园长信箱。指导幼儿随时将自己的想法、自己的困惑、自己的快乐、自己

的秘密等通过投递到园长妈妈信箱的方式与园长妈妈分享。

2. 家长也可以通过写信的方式帮助幼儿向园长妈妈表达自己的诉求、需要，或是对幼儿园的建议等，但这里更提倡幼儿的自愿、自主、自由、由衷的表达。

二、指导建议

1. 园长一定要抽时间及时阅读信件，解读幼儿的表达，了解幼儿的内心，及时回应幼儿的信件。或利用升旗仪式公开回应，或亲自到班级见面回应，或通过教师的传达，或给幼儿回信等，让幼儿真正感受到被尊重、被重视，通过自己的勇敢表达，实现了自己的愿望，这对激发他们今后的表达热情有事半功倍的效果。

2. 园长妈妈信箱要放在园所醒目的地方，让幼儿看得见、够得着，才能真正发挥作用。

（附：一位幼儿写给园长妈妈的信）

亲爱的园长妈妈：

我是小菜，"六一"可以是老师们演节目吗？我想和小朋友们坐在台下看老师表演。

三、注意事项

"园长妈妈信箱"要持久稳定，不能成为一时的行为，不能浅尝辄止，要长期坚持下去，助力幼儿养成主动表达诉求、心愿的习惯。

百家讲堂

幼儿家长、幼儿园所在社区、共建单位等也是一种丰富的资源，家长及相关单位工作人员都在各行各业中各具所长，特别是一些善于学习的家长在幼儿保育、教育方面也有着自己独特的见解。幼儿园可定期开设"百家讲堂"活动，请他们来到幼儿园，结合自身的职业优势与幼儿和家长进行互动交流，还可以请幼儿和教师进行展示，家长观摩。这些都是丰富幼儿经验的重要途径。

一、组织策略

"百家讲堂"活动的组织形式是灵活多样的，内容宜丰富全面，满足不同人群的需求，如果能够直面幼儿更好，切实促进幼儿、家长的学习和成长。

1. 开展"主题故事会"活动。如在学雷锋活动中发起"草坪故事会"，邀请退伍的军人爷爷或爸爸来给幼儿讲述雷锋及其他军人的故事。

2. 开展读物选择培训会。在"父母伴我行"活动中,邀请对绘本了解深入的家长来园为幼儿及更多的家庭分享、推荐适合各年龄段幼儿阅读的经典读物,帮助家长和教师为幼儿选择好的绘本。

3. 开展展示活动。在家长开放日或家长会上,请读书多、表达能力强的幼儿向家长讲述自己或爸爸妈妈喜欢读书的故事,激发家长的读书热情,鼓励家长陪伴幼儿阅读。

4. 开展专业培训会。幼儿园还可以让专业能力强、语言素养高的教师定期通过家长课堂,向家长解读幼儿的百种语言,提升家长的认知,帮助家长走进幼儿的世界,助力幼儿的长足发展。

二、指导建议

既然是"百家讲堂",上台者要兼顾各类职业身份,除了幼儿园和家长资源,还可以邀请专家、社区工作人员等,让大家共同关注幼儿的成长与发展。

三、注意事项

"百家讲堂"活动不应作为幼儿园偶发的一次特色活动,它应作为一种例行的常规家园共育工作,纳入每年的幼儿园工作计划中定期开展。只有这样,才能更好地促进幼儿语言教育的开展。活动名称可以是其他名字,但效果和作用都将体现在幼儿的语言发展水平上。

第四章 幼儿语言活动案例精选

为了方便一线教师的实践操作，本章提供了儿歌教学、语言游戏、谈话活动、讲述活动等 16 个具体实践案例，从目标制定、活动准备、活动过程等方面为大家提供了各类语言活动组织与实施的借鉴和参考。

 儿歌教学：爸爸瞧 妈妈看

通过创设有趣的情境激起幼儿学习儿歌的兴趣，借助简短的儿歌配以恰当的动作能够有效地帮助幼儿快速记忆儿歌，使幼儿在愉快的氛围中学会大胆、清楚地表达并尝试创造性地运用语言。

目标：
1. 感受儿歌语言独特的韵律感。
2. 能够有节奏地朗诵儿歌，并配以相应的动作。
3. 增进与父母间的亲子情感。

准备：
画有爸爸、妈妈和宝宝的手套各一副。

过程：

1. 魔术导入，激起学儿歌的兴趣

以变魔术的方式分别出示"爸爸的手"（伸出一只手）、"妈妈的手"（伸出另一只手）、"宝宝的小手"（翻转两只手展示背面）。

2. 说儿歌，做模仿动作

《爸爸瞧 妈妈看》

爸爸瞧，妈妈看。宝宝的小手真好看。
爸爸瞧，妈妈看。宝宝的小手看不见。
爸爸妈妈，都来看。宝宝的小手又出现。

3. 多种方式引导幼儿练习边做动作边说儿歌

如：教师朗诵一句，幼儿学习朗通一句；教师说上句，幼儿接下句。
师：在我们新学的儿歌中，你最喜欢哪一句？（引导幼儿说出完整儿歌）

4. 幼儿表演

可以以集体或个人的多种形式进行展示表演。

5. 活动延伸

将儿歌中的"爸爸、妈妈、宝宝"等词语进行替换改编儿歌,根据儿歌中的魔术导入引出用小手变魔术进行创意绘画游戏"小手变变变"。

 语言游戏:谁躲起来了

小班幼儿在日常表达时喜欢以简单句为主,有时结构不太严谨,句子的意思表达得也不明确。游戏"谁躲起来了"通过看、听、找、说,调动幼儿多种感官参与,引导幼儿说出短句"×××躲起来",引领幼儿以跟说的方式进行完整表达。

目标:

1. 能够仔细观察,快速反应并准确地说出同伴的名字。
2. 会完整说短句"是×××躲起来了""×××请出来"。
3. 体验躲藏游戏的乐趣。

准备:

PPT、在教室内布置多处可以隐藏的地方。

玩法:

1. 情景导入,引发游戏兴趣

以嘟嘟熊过生日为游戏主题,逐一播放小动物局部特征,吸引幼儿猜一猜邀请了哪些小动物来做客。

2. 玩游戏

(1)PPT出示不完整的小动物,让幼儿仔细观察"谁躲起来了",引导幼儿在游戏情境中练习说短句"×××躲起来了"。

(2)幼儿捂住眼睛听儿歌,教师随机找一名幼儿藏起来,然后让幼儿观察少的是哪位小朋友,并用已会短句说出"×××躲起来了",猜对后,全体幼儿再说一遍"×××请出来"。被点到名字的幼儿回到座位继续游戏,直到所有幼儿被找到,游戏结束。

(3)游戏玩2~3遍后,逐步增加人数,提高难度。幼儿反复游戏,教师在猜对的幼儿身上贴小动物贴纸,以示鼓励。

3. 游戏延伸

幼儿熟悉玩法和规则后,可增加难度,请幼儿说出自己躲在了哪里,如:我躲在了桌子下面等。

游戏规则:

1. 要注意认真倾听。
2. 游戏中躲藏环节要把眼睛闭好,不能偷看。
3. 准确地说出"×××躲起来了"之后要说出"×××请出来"。

游戏建议：

在日常生活中帮助幼儿认识同伴，知道他们的姓名。如晨检点名的时候，被点到名字的幼儿大声喊"到"，帮助幼儿巩固认识同伴并记住同伴姓名。如果幼儿在游戏中有困难，教师可以做示范性引导，让幼儿边做边说，鼓励胆小的幼儿勇于尝试。

 谈话活动：春天来了

谈话活动有预设的，也有随机发生的。由教师发起的预设谈话活动一般都有设计目标、活动准备、活动过程等环节。而日常生活中更多的交流则带有强烈的情境性和随机性，教师如果细心观察，敏锐捕捉话题中的生发点，组织有效谈话，往往会收到意外的效果。下面是一个春天的早晨，教师在幼儿早入园时通过观察幼儿的心情，而生发的一场随机性谈话。

师：文文和小宇今天怎么这么开心呀？你们遇到了什么有趣的事情？可以跟我们分享一下吗？

文文：老师，你看这花。（幼儿展示手里的两朵花儿）

师：真好看，哪儿来的花儿？

文文：今天我在上幼儿园的路上看到我家楼下的花都开了。

师：原来你是因为摘了漂亮的花儿高兴啊！

小宇：我也看到了，有粉色的，有红色的，还有黄色的呢！

（教师原本想借机引导幼儿要爱护植物，但听了小宇的话顺势转移谈话内容）

师：这么多颜色呀！对了，我们昨天听的绘本故事《五颜六色的希尔维》中有一个词是表示颜色多的，叫什么？

文文：叫"五颜六色"。

师：对呀，这个词用得真好，你们说我们幼儿园里还有什么是五颜六色的？

豆豆：小朋友穿的衣服是五颜六色的。

明明：墙上贴的小朋友的画是五颜六色的。

可欣：幼儿园的大滑梯五颜六色。

小威：图画书是五颜六色的。

……

师：原来我们的生活到处都是五颜六色的呀，难怪早晨文文和小宇是那么高兴呢！

第四章 幼儿语言活动案例精选

故事教学：萝卜回来了

《萝卜回来了》是一个非常经典的绘本故事，故事脉络清晰，情节有趣，语句重复，充满温情，是培养幼儿熟悉、巩固句子经验的良好载体。此故事教学活动分2个课时进行，第1课时以理解故事、复述故事为主，第2课时以表演为主，在表演中巩固句子学习。（备注：本案例呈现的是第2课时）

目标：

1. 进一步理解故事内容。
2. 能学说故事中重复的语言：雪这么大，天气这么冷，××在家里，一定也很饿，我找到了东西，去和他一起吃。
3. 喜欢表演，乐于用语言、表情和动作分角色表现故事情节，体验友情的可贵和分享的美德。

准备：

1. 经验准备：对故事《萝卜回来了》已有初步印象。
2. 物质准备：多媒体课件、画纸、彩笔／蜡笔、头饰／表演服饰（小兔子、小猴、小鹿、小熊）、道具（自制房子、萝卜、花生、青菜、白薯）。

过程：

1. 谈话导入

引导幼儿一起回忆故事。

师：《萝卜回来了》的故事里都有谁？

2. 回忆和梳理故事情节

（1）出示课件，再次讲述故事，帮助幼儿理解故事内容。

师：小兔子在雪地里发现了什么？她是怎么想的？又是怎么说的呢？

小猴想把萝卜留给谁呢？为什么？

小鹿又是怎么想的、怎么做的呢？小熊呢？

他们都说了一句什么相同的话？为什么他们都会这样说？

雪这么大，天气这么冷，××在家里，一定也很饿，我找到了东西，去和他一起吃。

（2）分组扮演角色，练习故事中的角色对话。

师：小朋友分为四组——小兔子组、小猴组、小鹿组、小熊组，练习对话。

3. 故事表演

（1）教师为幼儿准备基础的道具、服饰、场地，幼儿自主选择场地和同伴，自主商量，分角色表演。

（2）教师注意观察幼儿的游戏情况，借助《幼儿自主表演行为检核表》记录幼儿的表演行为、语言发展、表演中出现的问题等，交流评价时进行总结。

（3）表演展示。

师：请小组代表为全体幼儿进行表演展示。

（4）表演后分组讨论。

师：你喜欢这个小组表演的故事吗？为什么？

谁表演得最好？为什么？

你有什么好建议吗？

小结：好的表演需要动听、流畅的语言，舒展的动作，必要时还可以加入一些惊讶、开心、害怕的表情。

4. 经验迁移

（1）我们要学习故事中的小动物，朋友之间要相互关心，乐于与他人分享。

（2）欣赏配乐故事 / 情景剧表演，进一步感受故事语言的优美与生动，感受故事情景剧表演的魅力和精彩。

 看图讲述：小兔搬家

这个看图讲述的内容是由连贯的四幅图组成的一个故事。中班幼儿与大班幼儿相比看图能力有一定差距，教师在引导幼儿看图时不必将四幅图一下全部出示，以免干扰幼儿的观察。这四幅图之间的逻辑性较强，可以一幅一幅出示，引发幼儿对故事情节的探究兴趣，激发幼儿表达的热情。

目标：

1. 观察图片，感知理解图片表达的故事内容。
2. 按照故事情节，用连贯的语言，准确完整讲故事。
3. 通过讲述故事，懂得遇到问题要积极动脑筋想办法解决。

准备：

4 张故事图片。

过程：

1. 导入，激发幼儿兴趣

师：耳朵长，尾巴短，爱吃萝卜和蔬菜，蹦蹦跳跳真可爱。这是什么小动物？

第四章 幼儿语言活动案例精选

2. 观察、理解图片，初步尝试讲述图片内容

（1）观察图片1，尝试讲述图片内容。

师：请你们看看这张图，上面都有谁？在干什么？（提示：按故事情节顺序表述，提问引导）

小兔为什么要搬家？它们是怎么搬家的？

谁能用完整的语言讲一讲这张图上发生的事情？（提示：观察图片中的人物、地点、事件等，按照对故事情节提问的方法引导幼儿讲述）

（2）观察图片2，尝试完整讲述图片上的内容。

师：图片上发生了什么事情？

天气怎么样了？（下起了大雨）可是小兔要搬家，怎么办呢？

小兔们的表情是什么样的？它们的心情是什么样的？（提示：按角色情绪描述，提问引导）

一只小兔想了个什么办法躲雨？（提示：引导幼儿提升讲述经验，加入词语"躲""钻"等）

它会对伙伴们说什么？（提示：按角色心理活动讲述，提问引导）

谁愿意讲一讲？还有谁可以补充吗？

（3）观察图片3，理解讲述图片内容。

师：现在天气怎么样？（雨一直下）

小兔们心里是怎么想的？小兔是怎么做的？（提示：按角色心理活动讲述，提问引导）

如果你是小兔，你会怎么办？

（4）观察图片4，理解讲述图片内容。

师：这张图片上发生了什么事？小兔是怎么做的？

小兔们的表情是什么样的？它们的心情是什么样的？（提示：按角色情绪描述，提问引导）

接下来还会发生什么事呢？（提问启发）

3. 看图完整讲故事

（1）分组讲述。

提供完整呈现故事的4张图片，供幼儿讲述。

师：观察了这4张图片，我们可以讲一个什么样的故事呢？请你们给它们起一个名字吧！请小朋友2人一组，看图互相完整讲故事，一个人讲，一个人仔细听。

（2）个别讲述。

师：哪位小朋友想讲给大家听一听？讲的时候也可以加上动作！

4. 活动延伸

师：故事中的图片在阅读区也有，大家平时在阅读区也可以继续看图讲故事。

小兔们接下来还会发生什么事情？你也可以用绘画的方式记录下来，继续讲故事。

故事讲述：三只蝴蝶

这个案例中的故事讲述，不同于一般故事教学中的讲述环节，这里幼儿在前一节集体教学中已经有了讲述的基础，但还不能熟练讲述一个故事，教师可以简单引导幼儿对故事情节进行回顾，熟悉巩固，继而达到顺利讲述的目的。

目标：
1. 在熟悉故事内容的基础上，尝试讲述故事。
2. 能够清晰地表达自己的想法，并大胆尝试分角色表演故事情节。
3. 感受三只蝴蝶与同伴团结友爱、互相帮助的友情。

准备：
《三只蝴蝶》动画。

过程：

1. 观看动画，回忆内容
播放《三只蝴蝶》动画，让幼儿回忆故事内容。

2. 提出问题，引导复述
师：故事的名字是什么？故事中有谁？
引导幼儿回顾主要人物，回忆人物间的关系。
师：先发生了什么？又发生了什么？最后怎么样了？
帮助幼儿梳理故事内容，让幼儿有序讲述。
师：蝴蝶都说了些什么？花儿是怎样说的？
引导幼儿用故事中的语言回答，注意对话的语气语调，为讲述做铺垫。通过问题提示，一步步帮助幼儿学会讲述故事。

3. 活动延伸
让幼儿在完整讲述故事的基础上，在活动区自主进行故事表演。幼儿通过表演加深对故事的理解和记忆，更好地掌握故事的内容，体会其中情感。

情景讲述：爱心小任务

教师在《猜猜我有多爱你》的绘本教学活动结束后，布置了爱心小任务，并要求幼儿完成后在班级进行讲述，这是一种有预设的生活情景讲述。既然是有预设的活动，那么幼儿做好充分的讲述准备，是开展好此次活动的基础和前提。

目标：
1. 能够较完整地讲述给妈妈洗脚的过程。
2. 讲述时表达流畅，用词用句比较准确。

3. 体验为妈妈做事的快乐。

准备：

1. 为妈妈洗脚过程的照片或表征图。

2. 布置爱心小任务，回家为身边最爱的人做一件事，第二天讲述自己的爱心故事。

过程：

师：昨天老师给大家布置了爱心小任务，谁来给大家讲一讲？

幼：昨天我给妈妈洗脚了。我端了一盆水，请妈妈坐下。我给妈妈洗完脚后，用毛巾把妈妈的脚擦干净了。

师：你是怎么给妈妈洗的？都怎么做的呢，能告诉大家吗？

幼：我接了一盆温水，我把妈妈的脚趾和脚背都搓了搓。

师：很好，说出了是怎么洗的，把脚趾和脚背都搓了搓。还做了什么？

幼：我还像妈妈给姥姥按脚一样给她按摩了一会儿。

师：哇，你不仅做得好，而且讲得好！能把这两句话连起来说一下吗？

幼儿连起来说了一遍。

师：妈妈有没有说什么或做什么？

幼：妈妈高兴得乐开了花。

师：太好了，"乐开了花"这个词说得太生动了！能不能把你怎么做的，和妈妈的表现加进去再完整说一遍？

幼：昨天我给妈妈洗脚了。我端了一盆温水，请妈妈坐下。我把妈妈的脚趾和脚背搓了又搓。我还像妈妈给姥姥按脚一样给她按摩了一会儿。妈妈高兴得乐开了花。我给妈妈洗完脚后用毛巾把妈妈的脚擦干。

 情景讲述：是谁错了呢

一日生活中，除了有预设的游戏情景讲述之外，生成性的游戏情景讲述活动也时有发生。如一天上午的幼儿自主游戏时间，教师正在活动室观察部分幼儿的插片游戏，这时在走廊游戏的阳阳小朋友跑来告诉老师："不好了，乐乐和琪琪在走廊打起来了。"于是由个别谈话引发的一场集体讲述活动便诞生了。

目标：

1. 能够在谈话中将事情过程表述清楚。

2. 尝试在倾听与表达中懂得解决问题的方法。

3. 具有初步的判断力。

过程：

1. 调查了解情况

教师走过去制止了打架，并通过询问了解到乐乐每次自主游戏时都先抢一堆搭建材料放在自己跟前，别的小朋友想用时向他要他也不给。这次乐乐又先抢了一堆彩色积木准备做立交桥的柱子，琪琪见状，一生气没打招呼就偷偷将乐乐的彩色积木拿走了。乐乐发现后便要从琪琪手里抢回积木，琪琪抢不过他，因懊恼就把乐乐搭好的大桥踢翻了，于是乐乐先动手，两人便打了起来。

2. 生成讲述活动

教师听后，没有马上做出评判和教育，而是巧用了这样一个契机，让他们俩把事情的前因后果又自己讲了一遍，然后让他们当中的一人在游戏结束后面向全班幼儿做了讲述，以此来引发小朋友们的讨论交流。

琪琪讲述：今天上午我在走廊搭城堡，我想搭个彩色的门，可是没有那么多彩色积木，彩色积木都被乐乐拿走了，我想问他要几块。以前每次我和其他小朋友问他要，他都不给，我就自己拿了三块，他看见了就过来抢，我很生气，就把他的大桥踢翻了，他就推我，我俩就打起来了。

3. 表达中悟得解决问题的方法

教师在琪琪讲述完毕后便引导幼儿讨论交流：今天的事你们觉得谁做错了？

幼儿A：乐乐推琪琪是不对的。

幼儿B：琪琪也不应该把乐乐的大桥踢倒。

幼儿C：可是乐乐每次都抢玩具也是不对的。

师：琪琪和乐乐，你们觉得大家说得对吗？（琪琪与乐乐点头）

是啊，你们都有不对的地方，你们有信心改正吗？（琪琪与乐乐又点头）

老师相信你们下次不会再这样了。

（问大家）如果你是琪琪，当时想给城堡搭个彩色的门，可是又没有那么多彩色积木了，你会怎么做？

幼儿D：我会问问乐乐可不可以给我几块。

师：如果乐乐不同意呢？

幼儿E：我找老师。

师：嗯，寻求老师的帮助。那还可以怎么办？

幼儿F：还可以找别的材料来做，建构室有许多彩色的纸盒子可以用。

幼儿G：教室里还有很多彩色纸筒也可以用。

幼儿H：还可以用原色的积木搭门，做好后在上面做彩色装饰也可以，会很好看。

师：看来解决问题的办法不止一种，打架是最不应该的做法！

上述案例，教师借调查了解打架事件的原因，引导幼儿将游戏过程中引发矛盾的来龙去脉讲述清楚，并教给幼儿解决问题的方法，起到了事半功倍的效果。

讲述活动：猕猴桃

说明性讲述也是幼儿园常见的讲述形式，幼儿每天吃的水果、观察到的植物生长过程等都可以成为讲述的内容。这种讲述活动不需要丰富的感情色彩，讲明白事物的状态、特点等就行。

目标：

1. 通过各种感官，感知了解猕猴桃的特征。
2. 能尝试用完整的语言，按照从外到里的顺序讲述猕猴桃的特征。
3. 初步体会说明性讲述在生活中的用处。

准备：

猕猴桃实物。

过程：

1. 谜语导入，激发幼儿对活动的兴趣

师：今天，老师带来了一位水果宝宝，我把它藏在了谜语里面，认真倾听：黄褐果子浑身毛，绿色果肉味酸甜。

小朋友们，你们猜猜看，它是谁？——猕猴桃。

小结：对啦，它就是猕猴桃。（教师同时出示猕猴桃实物）

2. 引导幼儿讲述猕猴桃的特征

（1）观察（第一次）。引导幼儿运用视觉、触觉、嗅觉感官感知猕猴桃的外部特征。教师提问，幼儿大胆讲述在观察中的发现。

师：请小朋友们仔细看一看，猕猴桃长什么样？

幼儿A：椭圆形、黄褐色。（幼儿说不出椭圆，教师可以教幼儿认识椭圆形）

师：请小朋友上来摸一摸猕猴桃，有什么感觉？

幼儿B：毛毛的。

师：猕猴桃的果皮是毛毛的。

幼儿C：软软的。

师：对，熟透了的猕猴桃摸上去毛毛的、软软的。谁来闻一闻猕猴桃的味道？

幼儿D：没有味。

幼儿E：切开才有味道。

（2）师幼共同小结猕猴桃的外部特征。

小结：猕猴桃是黄褐色的，椭圆形的，摸上去是毛毛的、软软的。闻上去没有味道。接下来教师请个别幼儿复述猕猴桃的外部特征。

师：现在，请小朋友来说一说猕猴桃的样子。

幼儿介绍猕猴桃的颜色、形状、手感和味道。

（3）观察（第二次）。引导幼儿运用视觉、味觉感官感知猕猴桃的内部特征。

师：你知道猕猴桃里面是什么样的吗？——绿色的、有果汁……

好，老师现在将猕猴桃切开，用你的小眼睛看看它们的小肚子里面藏着什么？——果肉、小籽。

小结：猕猴桃的小肚子里面有黑色的种子，绿色的果肉，还有绿色的果汁。

师：尝一尝什么味道？——酸酸的，甜甜的。

（4）师幼共同小结猕猴桃的内部特征。

师：谁来完整说说猕猴桃里面是什么样子？尝一口是什么味道？

（5）师幼共同完整回顾并小结猕猴桃的内外特征。

师：接下来谁能从外到里完整地介绍一下猕猴桃呢？

幼儿讲述猕猴桃的颜色、形状、手感、味道。

教师引导幼儿共同说：对呀，猕猴桃是黄褐色的，椭圆的，摸上去毛毛的、软软的。切开后可以看见它们的小肚子里藏着黑色的种子，绿色的果肉，绿色的果汁。吃一口酸酸甜甜，很好吃。

师：下面请小朋友和同伴互相介绍一下猕猴桃这种水果吧。

同伴互讲，教师听、提醒、纠正、引导。

3. 总结介绍猕猴桃的方法

师：今天我们一起学习了介绍猕猴桃这种水果，我们先介绍猕猴桃外面的样子，再介绍猕猴桃里面的样子。先看到猕猴桃表皮的颜色、形状，体验了摸起来的感觉，还介绍了尝一尝后的味道。你们都清楚了吗？回家后向你们的爸爸妈妈和爷爷奶奶介绍猕猴桃好不好？别忘了介绍完后的小朋友在任务手册上给自己打个"√"呀！

儿童诗教学：《请进来》

《请进来》这首诗歌采用问答式对话的风格，描述了诗中角色的特点，既富有童趣，又是幼儿模仿句式学习的素材，符合中班幼儿的认知。

目标：

1. 在游戏中学会朗诵诗歌。
2. 使用"你要真是……就让……"的句式仿编诗歌。
3. 产生探索动物秘密的兴趣。

准备

1. 图片：超级飞侠一家；超级飞侠的家；小白兔、小鹿、小猴、风、狐狸；小白兔、小猴、小鹿的影子等。

2. 音乐：《悠闲的晴天》。

3. 头饰：小爱、小白兔、小鹿、小猴、风的头饰及空白头饰。

过程：

1. 创设情境

超级飞侠邀请好朋友们来聚会，可是有人想要冒充他们的好朋友，他们想了什么办法呢？让我们一起来听一听。

"笃，笃，笃。"教师一边说一边用手敲击发出声音。

师："笃，笃，笃"是什么声音？

幼：敲门的声音。

师：让我们一起来听听他们都邀请了谁。

2. 初步感知诗歌

（1）欣赏诗歌前三段。（配乐）

师：超级飞侠们都邀请了谁？（完整说）

幼：小白兔、小鹿、小猴。

幼儿边回答边出示对应的小动物的影子图片。

师：小爱用了什么方法辨别自己的好朋友？

（2）教师结合图片再次朗读诗歌。

（出示图片：边读边操作图片）

3. 进一步理解诗歌内容

师：超级飞侠是怎么认出兔子的？（你要真是兔子，就让我们看看你的耳朵）

随着幼儿的回答揭开兔子的影子，后面是只狐狸，不能进门。

师：怎么认出小鹿的？（你要真是小鹿，就让我们看看你的角）

随着幼儿的回答揭开小鹿的影子，后面是只小鹿。

师：又是怎么认出小猴的？（你要真是小猴，就让我们看看你的尾巴）

随着幼儿的回答揭开小猴的影子，后面是只小猴。

4. 结合动作，表演、朗诵诗歌

（1）第一遍教师带领幼儿一起完整朗读诗歌。

（2）第二遍幼儿听音乐边做动作，边朗读诗歌。

师：刚才小朋友们读得很好听，现在我们配上动作一起来朗读。

（3）第三遍（分角色进行朗读）。

教师来当超级飞侠，幼儿当小动物们，分角色朗读。

幼儿分组自由分配角色，进行朗读。

5. 创（仿）编诗歌

师：超级飞侠还会邀请谁来呢？如果是你，你想邀请谁？怎么认出你的伙伴？

幼儿A：笃，笃，笃。"谁敲门呀？""是我，猪！""你要真是猪，让我看看

你的鼻子！"笃，笃，笃。"谁敲门呀？""是我，水！""你要真是水，你就从门缝里流进来吧！"

幼儿 B：笃，笃，笃。"谁敲门呀？""是我，大象！""你要真是大象，让我看看你的鼻子！"笃，笃，笃。"谁敲门呀？""是我，变色龙！""你要真是变色龙，就让我看看你的舌头！"

大班

 绘本教学：独一无二的你

不同的幼儿读物往往蕴含不同的价值，承载的语言学习点也有所不同。像《独一无二的你》这本绘本中就有很多表示相反意思的四字词语，如五颜六色——朴素淡雅、与众不同——相差无几、体型庞大——小巧玲珑……教师可以在绘本教学中设计词语积累的环节，这里的积累并不要求幼儿完全记住，能够做到理解词语的意思，初步感知词语之间的对应关系即可。这种积累不能一蹴而就，重在日积月累。

目标：
1. 理解故事内容，初步感知画面与词汇之间的对应关系，感知词语间的相对关系。
2. 能运用词汇联系自身经验大胆表述。
3. 知道自身特长的同时也能够欣赏他人的特别之处，萌发勇敢做自己的情感。

准备：
《独一无二的你》多媒体课件、画纸、彩笔/蜡笔。

过程：

1. 谈话导入

师：昨天还是阳光明媚的天气，今天却是乌云密布。刚才屋里还是吵吵闹闹的，这会儿就安安静静了，真好！

老师刚才说的话有什么特别的地方，你听出来了吗？

幼：都是说相反的话。

2. 学习故事

出示故事课件，教师第一遍配乐完整讲述故事，引导幼儿完整倾听故事内容。

师：刚才你们听到哪些特别的词语了？

幼儿边说，教师边出示带图的词语。幼儿说的顺序是不是对应没关系，最后教师再按词语对应的关系把它们配上图放在一起，让幼儿直观感受这些词语的相对意思。

幼儿A：五颜六色、朴素淡雅。

幼儿B：与众不同、相差无几。

幼儿C：体型庞大、小巧玲珑。

师：它们之间有什么关系呢？（幼儿说不出来没关系）

故事中还有没有这样的词语呢？

3. 理解体验

（1）再次讲述故事，理解故事内容。

师：小鱼们都是怎样的行走路线？有些鱼向上游，有些鱼呢？

小鱼们的行走路线组成了怎样的图形？（有些鱼围成圈，有些鱼连成线，有些鱼游在上面，有些鱼停在下面）

你发现一页故事中的两个词语有什么关系呢？（再看图观察）

五颜六色——朴素淡雅、与众不同——相差无几、体型庞大——小巧玲珑、浑身光滑——尖刺遍体

小结：两个词语是相反的意思。

（2）表现故事。

采用师幼合作、幼幼合作、集体与个别、集体与小组等形式，鼓励幼儿尝试分角色讲述故事。

（3）创编故事。

师：小朋友们，你们知道还有些什么样子的鱼吗？

请你试着用笔画出一组样子相反的鱼吧！

4. 经验迁移

师：你喜欢哪种鱼？为什么？

你喜欢你自己吗？你觉得你自己哪里最特别？请你试试也用个四字词语来说一说自己！

小结：每个人都有自己的优点，小朋友们要学会喜欢自己，做最棒的自己，因为你自己就是最特别的。也要学会欣赏他人的优点，多向他人学习。

 节日讲述：喜气洋洋迎新年

大班幼儿对于节日的感受和认知能力相对较强，组织引导大班幼儿开展节日讲述活动，容易做到言之有物，言之有序，言之有情，能很好地落实《指南》中的语言发展目标，也是学习感受传统文化的有效途径。

目标：

1. 了解新年的意义以及节日的习俗。

2. 尝试比较完整连贯地讲述与新年相关的事情。
3. 感受并体验传统文化带来的快乐。

准备：
1. 讲述前引导幼儿自主收集与节日相关的材料，唤醒幼儿已有体验。
2. 创设节日氛围，播放有新年气氛的音乐，如《步步高》《新年喜洋洋》等。
3. 在幼儿园大厅、走廊、班级等地方挂上由幼儿设计的"福"字、春联、窗花、灯笼，也可以让幼儿用彩纸、丝带等材料制作鞭炮，学编中国结等。

过程：
1. 说祝福：让幼儿说一说与"福"相关的词语或一句话。
2. 做贺卡：让幼儿把自己的祝福以写画的方式表现出来，送给亲人或好友，表达自己的祝福。
3. 讲年俗：让幼儿根据自己的经验，讲一讲过年中的一些风俗习惯及有趣的事。
4. 表心愿：让幼儿把心愿用自己喜欢的方式表征出来，说给大家听，并挂到心愿树上。

 情景讲述：坐旋转飞椅

一天早晨，两位教师交流周末带孩子玩碰碰车的事，被旁边的一名幼儿听见，然后这名幼儿和教师之间产生了一番对话，生成了一次讲述活动，这就是生成性的生活情景讲述。这类讲述活动需要教师有很强的敏锐性，及时捕捉日常谈话中的契机，及时给予幼儿引导，使一次普通的个体谈话变得更有价值。

幼：老师，星期天我也去玩了。
幼：我去星海广场游乐园玩旋转飞椅，吓死我了。
师：发生了什么？
幼：旋转速度太快了，我感觉我都要飞出去了。
师：好惊险，真飞出去了？（教师发现了"飞出去了"的价值）
幼：没飞出去，有安全带呢，是感觉要飞出去了。
师：这种惊吓的感觉说得可真准啊。
  自己系的安全带？（抓住时机，引导幼儿回忆场景画面，将人物及事件过程讲清楚）
幼：妈妈给我系的，她还怕松了，使劲拉了拉。然后就飞起来了，太高了，我都不敢睁眼。
师：妈妈怕松了还使劲拉一拉，能看出妈妈好爱你哟。你吓得都不敢睁眼睛，没大喊大叫啊？（追问的目的是引导幼儿回忆当时真实情景中的细节，把表现讲清楚）

幼：旁边小朋友都叫起来，我也叫了。

师：这么惊险，以后还坐吗？

幼：还想坐。

师：为什么？

幼：好玩啊。

师：你觉得虽然有些害怕，但很好玩对吗？

幼：嗯。

师：那一会儿晨间集体谈话时，你能完整地把你坐旋转飞椅的经历和感受给大家讲一讲吗？以后大家再上哪儿玩，也像你一样跟大家分享一下怎么样？

幼儿欣然答应。

师幼看似随机的谈话，教师已巧妙引导幼儿介绍清楚事件发生发展的过程，以及人物动作和心理活动等细节，为真实情景讲述做了铺垫。为了让幼儿在集体面前讲述时尽可能流畅完整，教师建议幼儿自己练习组织一下语言，一会儿与大家分享。

幼：大家好，我是大一班的×××，下面我给大家讲一讲我周末去星海广场玩旋转飞椅的经历。

上周末，爸爸妈妈带我去星海广场游乐园，那些木马、袋鼠、小飞机我都玩过了，我想玩旋转飞椅。我问爸爸："我可以坐旋转飞椅吗？"爸爸说："可以。"我坐上旋转飞椅时，妈妈帮我把安全带系好，她怕安全带松了，还使劲拉了拉。旋转飞椅转起来时，我吓得闭上了眼睛，我感觉我要飞出去了，旁边的小朋友在大叫，我也跟着大叫。过了一会儿，旋转飞椅停下来，我觉得很好玩。如果大家想去，可以让爸爸妈妈带你们去玩。谢谢大家！

 情景讲述：丢手绢

　　幼儿园每天都会有各种游戏活动，教师可以有目的地就某一次游戏，组织幼儿开展讲述活动，游戏前教师要布置观察小任务，游戏后引导幼儿进行讲述。这就是有预设的游戏情景讲述活动。

目标：
1. 能够按照事情发生发展的顺序，有条理地讲述游戏过程。
2. 养成先仔细观察，后表达讲述的习惯。
3. 愿意在集体面前讲述，声音洪亮。

准备：
1. 准备一块手绢或替代物，提供空旷的场地。幼儿会唱歌曲《丢手绢》。
2. 幼儿会玩丢手绢的游戏，对幼儿进行追跑的安全教育。

过程：
　　师：今天我们到操场上玩丢手绢游戏，但是老师要给你们布置一个观察小任务，观察我们出去后老师都说了什么？大家做了什么？丢手绢时小朋友们都是怎么做的？你印象最深的小朋友是谁？他是怎么表现的？回来后要讲一讲。

　　教师组织幼儿到操场上玩完丢手绢游戏，回教室后开展了讲述活动。

　　师：刚才我们在操场上玩丢手绢的游戏，想一想我们是怎么玩儿的。
　　　　一开始老师先让大家干什么？
　　幼：老师让大家手拉手围成一个圈蹲下来。
　　师：谁最先来丢手绢？谁在后面追？大家做了什么？
　　幼：老师最先丢手绢，大盛在后面追老师。大家一起唱《丢手绢》歌。
　　师：接下来又发生什么？

　　幼儿讲述丢手绢过程中能记住的情景，教师引导幼儿讲出那些有趣的和大家普遍印象深刻的镜头。

　　师：你还记住了谁？他们都是怎么表现的？

　　在教师的一步步引导下，幼儿你一言我一语将整个丢手绢的过程讲清楚，接下来教师再请幼儿完整复述。

　　师：我们一起回忆了玩丢手绢的过程，那么谁来完整地给大家讲一讲？
　　幼：今天上午，我们到操场上玩丢手绢。老师让小朋友们手拉手围成了一个圈儿坐下来，老师拿了一个鸡毛毽当手绢，她先在我们身后转圈，我们唱《丢手绢》歌。我想：老师会把手绢放在谁的后面呢？我一直偷偷看老师。老师把手绢轻轻地放在了大盛的身后。可是，大盛却不知道。等老师快转回来时，明泽向大盛喊："快跑！"大盛"嗖"一下站起来，刚要跑，就被老师抓住了，大盛为大家唱了《孤勇者》，他唱完了，我们都给他鼓掌。后来我们每个人都玩了一次丢手绢，大家玩得很高兴。

 语言游戏：量词超市

"量词超市"既可以是在教师组织引导下开展的有规则的集体语言游戏活动，也可以是在集体游戏之后，幼儿获得一定游戏经验的基础上，在区域中进行的自主游戏。下面呈现的是集体游戏案例。

目标：

1. 能在情境游戏中认识量词并学习量词。
2. 结合日常生活经验，能正确运用常见的量词。
3. 在游戏中认真倾听他人的讲述。

准备：

奖励卡片、粘贴若干、量词PPT、抽奖箱。

过程：

1. 情境导入，激发幼儿对量词的兴趣

师：××商场要开业啦！开业大酬宾，小朋友们快来购物吧！

2. 玩游戏：量词商场

游戏1：购物大比拼

玩法：幼儿每人一个购物筐，规定时间里在商场自由选购。

游戏规则：游戏中，同样的物品只能选购一件。时间到，幼儿上前使用正确的量词说说自己选购的物品。

师：家里少了很多东西，小朋友们能帮助妈妈去商场购买吗？

游戏2：妈妈的购物清单

玩法：每组一张购物清单，场地四周放置清单上的物品实物。（量词难度再次升级）三组在规定时间内按照清单找到对应物品放置在购物篮中。每组上前使用正确的量词说说自己收集到的物品，哪组按照清单上收集的物品多，并且使用量词完全正确，哪组获胜。

游戏规则：游戏中如果商品已经被抢购一空，可以选择其他物品代替商品。

游戏3：超市大采购

玩法：每组选一名收银员负责检查核对商品，其他幼儿提前想好购物清单。（高难度量词，并且物品数量增多）幼儿在规定时间内按照清单找到对应物品放置在购物篮中，到收银员处结账（把量词说对）。

游戏规则：当幼儿或者小组在介绍选购的商品时，不要随意提醒或打扰他们，要认真倾听。

3. 游戏结束

师：小朋友们真棒，我们可以在周末和爸爸妈妈去真正的商场试试哟！

 餐点播报：好吃的晚餐

餐点播报活动是幼儿园十分常见的语言活动类型，如果教师调动好幼儿的兴趣，家长协助做好充分的准备，往往会取得很好的播报效果。下面是一名幼儿的晚餐播报。

目标：

1. 了解菜谱中的食物名称及食材的特征、营养。
2. 能准确流畅表达，倾听者认真专注。
3. 体验播报乐趣，营造愉悦氛围，激发他人的食欲。

准备：

1. 教师提供幼儿园一周食谱，幼儿周末在家练习播报内容。
2. 介绍食材的PPT或图片，玩具话筒（有条件的幼儿园可以为幼儿提供真话筒）。

过程：

幼儿播报：

大家好，我是今天的餐前播报员×××。在今天吃饭前我想请大家先来猜两个谜语，谜底都跟今天我们要吃的食物有关。

胖胖小伞林中开，肉肉身子惹人爱。含有丰富蛋白质，等着人们来采摘。（蘑菇）（其他幼儿举手回答）

圆圆脸蛋红又软，咬出水来有点酸。炒菜做汤都不错，最佳搭档是鸡蛋。（西红柿）

大家猜得真不错，（大屏幕出示当顿食材）今天我们吃的晚餐是蘑菇炖鸡肉、清炒三丝、西红柿蛋花汤，主食是金银米饭。鸡肉和鸡蛋中含有丰富的蛋白质，能够增强人体的抵抗力。西红柿含有维生素C和矿物质，可以提高我们的免疫力。清炒三丝中的黄瓜、胡萝卜、土豆和西红柿一样有营养，而且还能消除疲劳。米饭中含有碳水化合物，吃了能够长个头，有力量。小朋友们，只有好好吃饭才能让身体变得强壮，才能打败病毒。让我们快快拿起筷子，不挑食，不浪费，开开心心用餐吧，谢谢大家！

师：×××小朋友为今日的晚餐播报做了充分的准备，既有趣，又流畅，还详细介绍了食物中所富含的营养成分，是一位非常认真称职的餐点小播报员。希望小朋友们向他学习，争做优秀小播报员。

© 赵宇　2023

图书在版编目（CIP）数据

幼儿语言活动指导 / 陈姝均, 王清华主编. -- 大连：辽宁师范大学出版社, 2023.10
（幼儿园教师实践能力指导与培训丛书 / 赵宇主编）
ISBN 978-7-5652-4247-2

Ⅰ. ①幼… Ⅱ. ①陈… ②王… Ⅲ. ①语言教学—学前教育—教学研究 Ⅳ. ① G613.2

中国国家版本馆 CIP 数据核字 (2023) 第 205840 号

You'er Yuyan Huodong Zhidao
幼儿语言活动指导

出 版 人：	王　星
责任编辑：	刘臣臣
责任校对：	孙晓艳
装帧设计：	周佰惠

出 版 者：	辽宁师范大学出版社
地　　址：	大连市黄河路 850 号
网　　址：	http://www.lnnup.net
	http://www.press.lnnu.edu.cn
邮　　编：	116029
营销电话：	（0411）84206854　84215261　82159912（教材）
印 刷 者：	大连金华光彩色印刷有限公司
发 行 者：	辽宁师范大学出版社
幅面尺寸：	185mm × 260mm
印　　张：	6
字　　数：	96 千字
出版时间：	2023 年 10 月第 1 版
印刷时间：	2023 年 10 月第 1 次印刷
书　　号：	ISBN 978-7-5652-4247-2
定　　价：	30.00 元